人力资源管理理论研究与大数据应用

焦艳芳　著

北京工业大学出版社

图书在版编目（CIP）数据

人力资源管理理论研究与大数据应用 / 焦艳芳著．——
北京 ：北京工业大学出版社，2021.2
　　ISBN 978-7-5639-7836-6

　　Ⅰ．①人… Ⅱ．①焦… Ⅲ．①数据处理－应用－人力
资源管理－研究 Ⅳ．① F243-39

中国版本图书馆 CIP 数据核字（2021）第 034129 号

人力资源管理理论研究与大数据应用

RENLI ZIYUAN GUANLI LILUN YANJIU YU DASHUJU YINGYONG

著　　者：焦艳芳
责任编辑：邓梅菡
封面设计：点墨轩阁
出版发行：北京工业大学出版社
　　　　　（北京市朝阳区平乐园 100 号　邮编：100124）
　　　　　010-67391722（传真）　bgdcbs@sina.com
经销单位：全国各地新华书店
承印单位：天津和萱印刷有限公司
开　　本：710 毫米 ×1000 毫米　1/16
印　　张：12
字　　数：240 千字
版　　次：2022 年 1 月第 1 版
印　　次：2022 年 1 月第 1 次印刷
标准书号：ISBN 978-7-5639-7836-6
定　　价：78.00 元

前　言

　　人力资源管理是一门已具有比较成熟的理论体系的科学。由于具有应用性和实操性强的特点，它同时是一门技术。如何既学好人力资源管理理论，又能指导并做好实践工作，是广大人力资源从业者遇到的主要困难。

　　时代的发展、技术的进步，必然带来企业管理理念、方法和工具的变革。今天，我们已经进入"大智移云"的时代，创新已经成为企业发展的重要手段，与其他的资本形态相比，人力资本已经越来越处于重要的地位。人才重于资金、融智先于融资，如何在竞争日益激烈的市场中持续建立自身的竞争优势，在企业内部打造一个各相关利益方和谐相处、平衡发展的生态系统，已经成为企业人力资源管理者面临的最大挑战。

　　移动互联网的发展使人才数据呈现爆发式增长，人力资源大数据不仅逐步成为完善的理论体系，还将促使人力资源大数据服务成为一个新的服务行业。在大数据时代下，企业迎来了全新的发展机遇，人力资源管理作为企业的核心，自然也发生了很大的变化。就当前情况来看，很多企业的人力资源管理都应用了大数据技术，不仅提高了管理质量，而且促使企业核心竞争力得到进一步提升。相信在未来，基于人才市场的相关数据、基于行业发展的人才数据、基于企业组织效能的人才数据、基于人才自身和群体特征的数据等，都将通过行为轨迹记录、人才测评等方式被记录下来，并将在企业的人力资源管理实践中发挥越来越关键的作用。

　　管理就是决策，决策依赖数据。当前，企业的核心竞争力在于人才的开发与储备，很多企业都开始利用大数据对自身的人力资源进行创新与改革。大数据技术为企业的人力资源管理提供了更多的可能，也提出了相应的挑战。对于企业人力资源管理者来说，无论是对过去的总结、对现在的诊断，还是对未来的预测和规划都离不开数据。所以，我们不仅要有专业思维和业务思维，还要

1

有数据思维和创新思维。对于如何在海量数据中挖掘出有用的数据，如何将大数据、人工智能与企业人力资源管理实践有机结合，如何在企业内部建立人力资源大数据分析模型和分析平台，如何形成企业人力资源报表体系和指标体系，本书从理论到实践、从理念到案例，深入浅出地给出了详尽的答案。

由于作者水平有限，加之时间仓促，书中难免存在不足之处，请广大读者批评指正。

目　录

第一章　人力资源管理的基础理论

本章从基础理论的角度解释了人力资源的定义，以及它对企业管理者的重要性。我们可以发现，关于人力资源的雇用、培训、绩效评价等一系列管理活动，是每一个企业人力资源管理者的日常工作的重要组成部分。通过本章，我们还会看到，人力资源管理也是一种独立的管理职能，这种管理职能是在其内部的人力资源中行使的，或者是人力资源经理作为一位管理者需要承担的职责及其需要面对的挑战。

第一节　人力资源管理的定义与意义

一、什么是人力资源管理

人力资源管理的本质就是一个组织的系统管理，管理者在角色分工中承担管理他人共同完成目标的工作。人力资源管理一般包括以下五项职能：计划、组织、人事、领导和控制。以上就是一个完整的管理过程。每项管理职能所包含的具体管理活动如下：

计划职能：在开始工作前设定目标和标准；制订规则和程序；做好规划和预测等。

组织职能：为每个下属安排具体任务；设立部门；建立动力链和沟通渠道；授权下属；协调下属的工作等。

人事职能：决定应该雇用什么样的员工；招聘和培训员工；设定绩效标准；评估员工的业绩；向员工提供建议；确定和发放员工工资等。

领导职能：激励他人完成工作、激励下属等。

控制职能：设定销售、质量水平或输出标准；对照这些标准考核员工的实际工作表现；必要时采取纠正措施等。

以下主题可以帮助我们更快地掌握人力资源管理的基本概念和技术，从而更好地完成与人力资源相关的工作。这些主题主要有：

①对每个员工进行职位分析，确定员工的职责与工作性质。

②预测组织的劳动力需求并招聘员工。

③选择求职者。

④新员工的入职培训与学习。

⑤支付工资报酬。

⑥确定员工的奖金与其他福利。

⑦评估工作绩效。

⑧与员工交流，包括访谈、奖惩等。

⑨管理人员技能提升。

⑩培养员工的组织能力。

管理者还需要了解以下内容：

①公平的就业机会和积极的反歧视行为。

②员工健康和安全问题。

③处理劳动争议和劳动关系。

二、人力资源管理的重要性

为什么对企业管理者而言，人力资源管理是如此重要呢？这个问题的答案可以从企业管理中遇到的一些困难中找到。例如，管理者很可能不想看到以下这些情况的发生：

①雇用不称职的人担任某一职位。

②企业内员工流动率很高。

③员工无法把工作做好。

④在面试环节花费太多的时间和精力。

⑤因歧视性做法，公司被诉诸法庭。

⑥企业内部的一些不安全操作违反了职业安全规定。

⑦薪酬待遇不公平。

⑧员工培训不足，影响部门的工作效率。

⑨不公正的劳资关系。

一个管理者需要有清晰的头脑，对目标有自己的整体规划，如制订一个合理的计划、画一个清晰的组织架构图、使用复杂的财务控制方法等，但仍有可能因雇用不合适的员工或未能激励员工而导致失败。有的管理者之所以能够成功，正是因为他们掌握了雇用合适的人来承担特定工作，以及激励员工、评估员工技能的方法。

正如一位公司总裁所总结的：长期以来，人们都认为资本是一个正在成长的行业所面临的发展瓶颈。但目前来看，这种说法已经落后了，真正的瓶颈不是资本，而是公司内部的所有员工，以及公司在招聘和留住优秀人才方面的经验不足。

在一个企业中，一个重大项目半途而废的原因，往往不是资金短缺。现实情况是：某一行业无法始终保持旺盛的生命力和良好的发展态势，或受到挫折而停滞，原因恰恰是企业内没有一支高效热情的员工队伍。笔者认为这种结论的正确性在未来会得到越来越明显的验证。

我们马上就会看到，由于全球竞争、技术进步、经济挑战和工作性质的变化，这位总裁所说的话会越发显示出其正确性。

（一）直线管理和职能管理中的人力资源管理

在一定程度上来说，所有的管理者都是人力资源管理者，管理者需要参与到人力资源的决策中，如招聘、面试、选拔、培训等。那么，人力资源经理及其下属员工所承担的人力资源管理职责，与"直线"管理者所承担的人力资源管理职责之间是一种怎样的关系呢？我们先来了解一下直线权力和职能权力的简要定义，再来回答这个问题。

权力指做出决定、指导他人工作和发布命令的权力。在管理学中，我们通常把直线权力和功能权力分开。直线权力赋予经理向其他经理或员工发布命令的权力，主要体现的是上下级关系。职能权力赋予管理者向其他管理者或员工提出建议的权力，主要体现的是交流与沟通。直线管理人员拥有直线权力，而职能管理人员拥有职能权力。在日常的工作环境中，我们要将这两种权力分开来看，后者通常不能通过命令链从上到下直接发布命令（除了在自己的部门）。

通常情况下，管理者一般指直线管理人员，他们负责管理那些对于组织的生存来说至关重要的工作，如销售或生产；职能管理人员则通常管理那些属于咨询性或支持性部门的工作，如采购、人力资源管理和质量控制等。如果职能部门确实纯粹属于咨询性的，那么上述这种区分就是有道理的。

然而，决定一位管理者属于直线管理人员还是职能管理人员的，并不是这位管理者所管理的部门的类型或名称，而是工作关系的性质。直线管理人员能够发布命令，职能管理人员可以提供建议。人力资源经理通常是职能管理人员，与直线管理者不同，他们负责向直线管理者提供招聘、雇用和薪酬方面的协助和建议，但是并不直接参与到其他部门具体事务的管理中。

（二）直线管理人员的人力资源管理职责

在每位直线管理人员——上到公司总裁，下到一线管理人员——的职责中，直接处理与人有关的问题始终是其整体管理职责中一个不可或缺的组成部分。例如，某大公司将其直线管理人员有效管理人力资源的职责总结如下：

把适当的人配置到适合的职位上；帮助新员工适应工作环境；对员工进行培训；适当调整员工绩效；互相合作，创造良好的工作环境；对公司政策进行梳理；控制成本；挖掘员工潜力；鼓励员工；关注员工的健康和身体状况。

在一些小型企业中，直线管理人员可能在没有人协助的情况下承担上述所有人力资源管理职责。但是，随着企业规模的扩大，这些直线管理人员就需要得到独立的人力资源管理职能人员所提供的帮助、相关的专业知识及建议。人力资源管理部门能够提供这种专业化的服务，也有义务提供这种服务。

（三）职能管理人员的人力资源管理职责

在提供专业化帮助的过程中，人力资源管理者主要履行以下三种职能：

①直线职能。人力资源管理者需要指导本部门员工和其他相关部门的员工开展工作活动。

②协调职能。人力资源管理者需要协调各种人力资源管理活动，这是管理者的义务，通常被称为职能权力或职能控制。这就意味着人力资源管理者要确保其他直线管理人员能够在理解公司章程的基础上，贯彻企业的人力资源管理政策和做法。

③人员（协助和咨询）职能。对于人力资源管理者来说，有必要也有义务去协助直线管理者的工作，为其提供建议。因为，其他管理者并不能完全具备人力管理的能力，他们需要指导和帮助。人力资源管理者应该向直线管理人员提供建议，以便他们更好地了解公司战略对于员工的影响。人力资源管理者需要协助部门经理完成员工的聘用、培训、考核、咨询、晋升、辞退等工作，一般工作人员的需求由直线管理者提出，人力资源管理者只需根据要求来安排人员即可。人力资源管理者负责制订各种福利计划（如健康和意外保险计划、养老金计划、假期计划等）及员工的奖金核定，协助部门经理根据相关法规对员工进行合理约束，并协助有关部门处理劳资纠纷和劳动关系。此外，人力资源管理者和人力资源部门也发挥着管理方法和手段开拓者的作用。他们需要向直

线经理提供人员发展趋势的最新信息，从而更好地开发员工的潜力。人力资源管理者和人力资源部门还应发挥员工主导的作用，即在高层管理者中保护员工的基本利益并对其他管理者进行合理约束。虽然人力资源管理者通常不能在部门之外行使直接权力，但可以行使一种隐性权力，对组织的整体环境和氛围进行维护和改善。

　　一家企业的规模可以从它的人力资源部门的规模上看出来。一家大型企业的人力资源部门往往如图 1-1-1 所示，包括各个人力资源职能领域中的各种专业人员；而对于比较小的企业来说，其人力资源部门可能仅有 5 ~ 6 名员工，甚至更少，如图 1-1-2 所示。一般而言，企业内每 100 名员工需要 1 名人力资源管理人员。

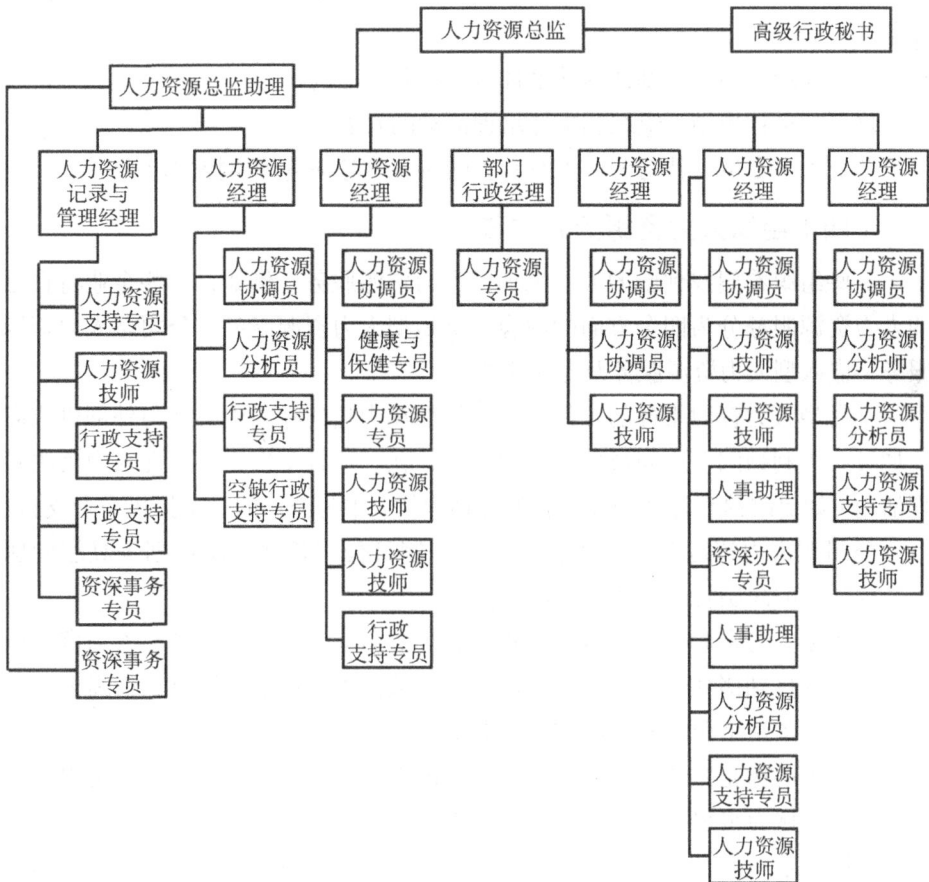

图 1-1-1　大型企业的人力资源部门组织图

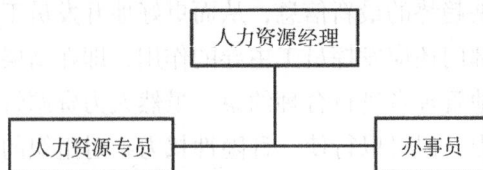

图 1-1-2 小型企业的人力资源部门组织图

人力资源部门中一些岗位的具体职责如下：

招聘专员：搜寻合格的求职者。

公平就业机会协调员：调查企业内关于公平就业的问题并给出解决方案；检查企业是否存在违反法律的行为；向政府提供企业关于公平就业的报告。

职位分析专员：收集并核查相关职位的详细信息，为编写职位描述做好准备。

薪酬经理：制订薪酬计划并处理员工福利方面的事务。

培训专员：规划、组织和指导培训活动的开展。

劳资关系专员：就与劳资关系有关的所有事务向管理层提供建议。

（四）组织人力资源的新方法

一些组织希望找到新的方法来提供人力资源服务。例如，一些企业将自己的人力资源服务分为四个方面的内容：交易型人力资源服务、公司型人力资源服务、嵌入型人力资源服务及专家中心。

交易型人力资源服务的工作重点是借助集中化的呼叫中心及与外部供应商（如员工福利顾问）之间形成的外包安排，在一些日常性、事务性人力资源管理活动（如更改福利计划和提供新的评估表格）中为公司的员工提供专业支持。

公司型人力资源服务的工作重点是在制订公司长期战略规划等高层问题上，为公司的高层管理团队提供帮助。

嵌入型人力资源服务是将人力资源管理的多面手（关系经理、人力资源业务伙伴）安排到诸如销售和生产等部门中，从而为这些部门提供它们需要的并与部门实际紧密结合的人力资源管理支持。

专家中心像是企业内部的一个专业化的人力资源管理咨询公司，可以在组织变革等领域为组织提供一些专业化支持。

国际商业机器公司（IBM）的人力资源高级副总裁兰迪·麦克唐纳指出，传统的人力资源服务组织方式不恰当地将人力资源管理职能分割为诸如招募、培训和员工关系等"筒仓"。他认为，这种筒仓状的组织设计方式意味着没有任何一个人力资源专业团队会去关注如何满足特定员工群体的需要，于是，麦克唐纳重新规定了 IBM 的人力资源管理职能。他把 IBM 的几十万名员工分成三组人员：技术类员工、管理人员、普通员工。之后，公司成立了三个人力资源管理团队，分别为每一组人员提供人力资源服务，这些团队内都有招聘、培训等方面的专家。这些专业化的人力资源服务团队可以有效为所有员工提供在 IBM 取得成功所需要的才能、薪酬和培训等服务。

（五）直线部门和人力资源部门在人力资源管理方面的合作

既然直线管理人员和人力资源管理人员都在人力资源管理方面负有一定的责任，那么就出现了问题：双方在人力资源管理方面各需承担哪些责任？其实并没有哪一种方法同时适用于直线管理人员和人力资源管理人员在所有组织内的职责划分，这里只做一个简单的总结。

最具概括性的一个结论就是：直线管理人员和人力资源管理人员之间的关系通常是合作性的。例如，在招聘员工方面，通常先由直线管理人员确定填补某些特定职位空缺的人所需具备的任职资格与条件，然后由人力资源管理人员完成下面的工作。他们通过一定的渠道为组织获得一批合格的求职者，然后对求职者进行初步的甄选面试。此外，他们还要负责对求职者进行适当的测试，然后将最好的求职者推荐给直线管理人员，让他们对这些候选人进行面试，并从中挑选出哪些人是他们最终想要录用的。在培训方面，同样是由直线管理人员先描述出他们对自己的员工所能够完成的工作的期望，然后由人力资源管理团队来设计一个培训方案，而这个培训方案通常会交给直线管理人员去负责实施。

有些人力资源管理活动是由人力资源部门单独完成的。例如，有的企业将雇用员工之前的测试工作交由人力资源部门全权负责，有的企业把到大学招募员工的工作完全交给人力资源部门完成，有的企业由人力资源部门全部承担员工的保险、福利管理工作。不过，通常情况下，企业还是会要求人力资源管理人员和直线管理人员共同负责大部分人力资源管理活动，如面试、绩效评价、技能培训、职位描述及纪律惩处等。

图 1-1-3 描述了人力资源部门和直线管理部门之间的一种典型伙伴关系。例如，在 25% 的企业中，由人力资源部门单独对求职者进行面试；在 60% 的企业中，由人力资源部门与其他需要雇用员工的部门共同完成面试。

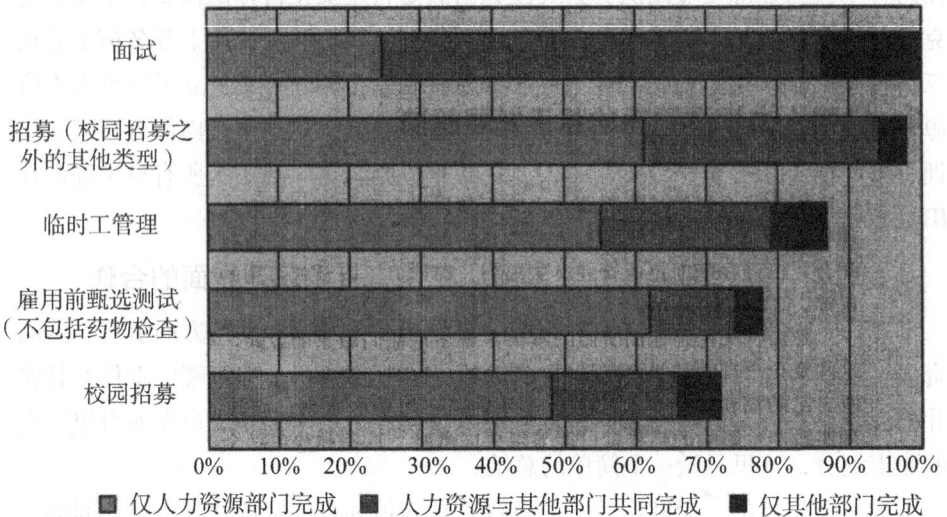

图 1-1-3　雇用和招聘中的职责关系

　　总而言之，人力资源管理是所有企业管理中最不可或缺的重要成分之一，即使是企业高层管理人员，包括主管、总裁或任何一个生产经理，他们的工作都是通过人来实现工作目标的。因此，本书所阐述的人力资源管理方面的知识就显得尤为重要，需要所有管理者认真学习。

（六）从直线管理人员到人力资源管理人员

　　美国南加利福尼亚大学的一个研究团队通过调查发现，在四分之一的美国大企业中，人力资源部门的高管由没有任何人力资源管理工作经验的人担任。这一现象很令人不解，但企业这样做是有其原因的，其中很重要的一点就是这些没有任何人力资源管理工作经验的人可以使企业的人力资源管理变得更加具有挑战性和战略性，可以将人力资源管理活动带入企业其他的业务中。此外，很多公司还经常会让自己的直线管理人员先经过人力资源领域的历练，再让他们在公司内部获得进一步的晋升。例如，劳伦斯·杰克逊就是在沃尔玛公司的首席人力资源官职位上任职一年半之后，才被公司晋升为全球采购事业部负责人。

　　但是大部分企业的人力资源高层主管在担任这一职位前，还是或多或少有相关的工作经验或经历的。一项调研研究显示，大约 80% 的人力资源高管人员从入职开始就在人力资源部门工作，直到担任高管。此外，大约有 17% 的人力资源高管人员已经取得了由人力资源认证协会（HRCI）颁发的人力资源高级专业人员资格证书（SPHR），还有 13% 的人取得了人力资源专业人员资格证书（PHR）。

三、人力资源管理的衡量指标与标杆管理

我们已经看到，战略人力资源管理的意义在于确定相应的人力资源管理政策和做法，用人员管理的相关知识理论帮助公司获得实现战略目标所需的员工的胜任力。在这个过程中，如何衡量结果是至关重要的。一个目标的设定需要有相应的衡量标准与之配合，其中可能包括每个员工的培训时间、生产力和客户满意度。

（一）人力资源管理衡量指标的类型

人力资源管理者会有很多方面的指标。例如，在一个拥有 100 ～ 249 名员工的公司里，每 100 名员工中就有 1 人从事人力资源管理工作。在拥有 1000 ～ 2499 名员工的公司中，人力资源管理者占员工总数的比例约为 0.79。在员工超过 7500 人的公司中，这一比例降至 0.72。此外，其他的人力资源管理指标包括员工的任职年限、人均雇用成本、年度总流动率等。

美国人力资源管理协会出台了人力资源的衡量指标，共分为八部分内容，具体如下：

组织数据：①收入；②全职员工人均收入；③税前净收入；④全职员工人均税前净收入；⑤组织继任计划中包含的职位。

人力资源部门数据：①人力资源部门员工总人数；②人力资源部门员工占员工总人数的百分比；③主要从事监督管理工作的人力资源部门员工所占百分比；④主要从事专业或技术工作的人力资源部门员工所占百分比；⑤主要从事行政支持工作的人力资源部门员工所占百分比；⑥人力资源部门负责人汇报工作的结构；⑦组织在本年度预期雇用的人力资源管理职位的类型。

人力资源管理费用数据：①人力资源管理费用；②人力资源管理费用占运营费用的百分比；③人力资源管理费用占全职员工总费用的百分比。

薪酬数据：①年度加薪水平；②固定薪资占运营费用的百分比；③非高层管理人员的目标奖金；④高层管理人员的目标奖金。

学费或教育费用数据：①每年允许用于学费或教育费用报销的最高额度；②参与学费或教育费用报销项目的员工所占百分比。

雇用数据：①职位空缺数量；②职位空缺所用时间；③人均雇用成本；④员工留任年限；⑤年度总离职率；⑥年度自愿离职率；⑦年度非自愿离职率。

收入和组织雇用预期数据：①与上一年相比，本年度的组织收入预期变化百分比；②与上一年相比，本年度的组织雇用人数预期变化百分比。

实现更高盈利水平组织的衡量指标：①人力资源部门员工总人数；②人力资源部门员工占总人数的百分比；③人力资源管理费用；④人力资源管理费用占运营费用的百分比；⑤人力资源管理费用占全职员工总费用的百分比；⑥年度加薪水平；⑦非高层管理人员的目标奖金。

衡量指标为什么如此重要呢？如今，大部分企业都在人力资源管理方面投入大量资金用于招聘人才，却没有认真思考究竟哪种招聘方式才是最有效、最可能获得优秀员工的。一个合理的解决方案是，用衡量指标来对招聘有效性进行评估。相应的衡量指标包括新员工的质量，以及帮助企业获得最优秀新员工的招聘来源等。跟踪和分析这类数据的一种方式是运用计算机化的求职者跟踪系统软件（ATS）。求职者跟踪系统软件对招聘有效性进行分析包含下述两个基本步骤。

第一步，企业及供应商需要确定如何衡量新员工的绩效。例如，招聘经理需要在每位新员工入职后的第一个 90 天结束时对其做出评价，并且需要用 1—5 的 5 个等级来将评价结果输入系统。

第二步，企业可以运用求职者跟踪系统对能提供优秀求职者的招聘来源进行追踪。例如，求职者追踪结果可能显示出：与那些通过在网站上刊登的广告招聘的员工相比，通过公司内部员工推荐招聘的新员工留在公司工作的年限更长，工作绩效也更好。大多数求职者跟踪系统都能帮助企业的招聘经理在电脑上对类似的雇用指标进行跟踪。例如，路透社就安装了一套求职者跟踪系统，用来确定招聘来源、求职者的特征，以及公司在每个经营地区中的最佳招聘实践。该系统通过将招聘资金转移到更有效的招聘渠道，帮助路透社降低了招聘成本。

（二）标杆管理与需求分析

在进行变更之前，不仅要对本企业进行衡量分析，还要在横向上与其他企业进行衡量比较，也可以与更优秀的公司进行比较学习，分析其他公司的优势。企业可以使用美国人力资源管理协会提供的衡量指标与其他企业进行对应的比较，不仅可以获得同行业中其他公司比较全面的数据，还可以与本企业规模相等的其他企业进行数据对比。表 1-1-1 是由美国人力资源管理协会提出的一套可比较的基本指标。

表 1-1-1　美国人力资源管理协会的客户化人力资本对标报告

学费或教育费用报销数据					
项目	n	25 分位	中值	75 分位	平均值
每年允许用于学费或教育费用报销的最高额度 / 美元	32	1000	5000	7500	6000
参与学费或教育费用报销项目的员工所占百分比 /%	32	1.0	3.0	5.0	4.0

（三）战略及基于战略的衡量指标

标杆管理只是让人们了解公司的人力资源管理系统是如何工作的，仅仅提供了一个比较问题的视角，显示了公司的人力资源管理体系与其竞争对手的比较情况。然而，标杆管理不能说明公司的人力资源管理实践在多大程度上支持公司的战略目标，换句话说，其并不能提供数据支持。

管理者可以使用基于战略的衡量指标来解决这些问题。基于战略的衡量指标侧重度量有助于实现公司战略目标的活动。其主要是以 100% 的员工测试、80% 的客户流动率、薪酬占总薪酬的比例、销售额增长 50% 等为衡量标准。不同方面的考核对企业来讲是全方位的战略分析，如果企业的人力资源管理实践发生变化，如增加培训、提供更好的激励，以达到预期的效果，那么客户回报率、客户声誉等战略指标的价值也应该上升。

数据挖掘技术可以帮助管理者确认数据之间的相关性，主要是利用这一技术来改进员工选拔等方面的人力资源管理实践。数据挖掘的意义是发掘更深层次的关系网络，管理者运用基于数据挖掘技术开展的人才分析来发现其中的规律，并且做出预测。

像人均雇用成本这样的数据很有用处，但是其在转化为信息之前没太大用处，然而，如果以另一种形式来展示这一数据，从而看到这一成本正处于上升趋势还是下降趋势，以及本公司的这种成本与竞争对手相比较的情况，它就能为公司提供用于实际决策的信息。

但大多数公司并不用这种方式利用人力资源管理数据。在一项研究中，83% 的被调查者称他们公司的人力资源管理部门通常将人均雇用成本这样的工作场所指标按照惯例报告给高层管理人员，而仅有 10% 的被调查者称他们会运用这些数据对本公司员工队伍管理实践的有效性进行实际分析，只有 7% 的被调查者利用这些数据来调整本公司的员工队伍管理实践。

管理者可以运用很多专门的员工队伍或人才分析软件工具，将员工数据转化为有针对性地采取行动的信息。例如，怡安翰威特人力资源管理咨询公司对客户的员工数据进行编辑整理，然后用分析引擎对数据进行分析，并且通过一个门户网站将数据呈现给公司的客户。这样，客户公司的管理者就可以利用数字仪表盘来了解本公司的员工队伍变化趋势，同时回答这样一个问题："在有关员工离职率的数据中，是否还有值得我们进一步分析的趋势？"

上述这种数据分析有助于提升绩效。例如，谷歌公司的人才分析团队对公司员工的背景、能力以及绩效等进行了分析。该团队通过分析能够识别出那些可能导致员工离职的因素，如员工感到自己的才能没有得到充分发挥。在一个类似的项目中，为了确定成功的谷歌公司管理者具备的特征，谷歌公司对通过员工调查反馈的数据进行了分析。微软公司则确定了员工在来微软公司工作之前与进入本公司之后的绩效之间的关系，这帮助微软公司改进了其招聘和甄选工作。赛仕（SAS）软件公司的员工保留程序能够对技能、任期、绩效、教育背景、朋友关系等员工特征数据进行筛选，从而分析出哪些优秀员工未来可能离开公司。安联技术系统公司构建了一种"离职风险模型"，这一模型可以准确计算出公司的员工流动率，分析员工离职的概率，从而帮助公司采取正确、及时的措施。IBM公司运用员工队伍分析技术来发现哪些员工是经常被同事征求意见的意见领袖，如根据同事在电子邮件中提到的次数。一项调查对高绩效企业和低绩效企业运用人力资源管理分析技术的情况进行了比较，结果发现：80%的高绩效企业会向负责人力资源管理的领导提供此类员工队伍数据；相比之下，低绩效企业中，仅有33%的企业会这样做。

很多企业都运用人才分析技术来解答以下六类人才管理问题：

①人力资本事实。例如，"关于我们公司总体健康状况的关键指标有哪些？"捷蓝航空公司发现员工敬业度就是这样一个关键指标，因为它与公司的财务绩效紧密相关。

②人力资源问题分析。例如，"公司的哪些业务单元、部门或个人需要引起我们的注意？"洛克希德·马丁公司通过收集绩效方面的数据来确定哪些业务单元的绩效需要改进。

③人力资本投资分析。例如，"哪些行动对我们的业务影响最大？"思科公司通过监测员工满意度将其员工保留率从65%提高到了85%，从而为本公司在招聘、甄选及培训上节省了近5000万美元的成本。

④员工队伍预测。陶氏化学公司使用一种计算机化的模型，这种模型可以根据对销售额变化趋势等情况的估计，预测出每个业务单元在将来需要的员工人数。

⑤人才价值模型。例如，"为什么员工会选择留在或者离开我们公司？"

如果谷歌公司的管理层知道，一旦某位员工感到自己的才能没有得到充分施展就会准备辞职，他们就能采取措施降低员工流动成本。

⑥人才供应链。例如，"在当前的经营环境中，我们的员工队伍应如何适应各种变化？"对此，零售企业可以运用专门的分析模型预测商店每天的销售量，从而使领取小时工资的员工早一点下班。

（四）人力资源管理审计

人力资源管理者一般会利用人力资源管理审计来收集员工流动率及安全等方面的数据。一位人力资源管理领域的从业者指出，人力资源管理审计是一个企业为了衡量自己当前的状态，同时决定需要采取哪些措施来改进自己的人力资源管理职能而进行的分析。一般而言，人力资源管理审计主要是审查公司的各种人力资源管理职能，保证公司遵守相应的法律法规和政策，审计过程需要公司按照一份清单来完成。

在人力资源管理审计中，管理者通常会将公司的审计结果与其他可比公司的审计结果进行比较，基于每个公司所侧重的方面不同，比较的结果也各不相同。人力资源管理审计的典型内容包括以下几部分：

①员工类型及人数，包括各种雇佣类型的人数。

②遵守政府制定的雇佣相关法律。

③招聘选拔。

④报酬管理。

⑤员工关系。

⑥福利待遇。

⑦社会保障。

⑧薪酬支付。

⑨保管员工情况文件和档案。

⑩员工培训与潜力发展。

⑪员工沟通。

⑫解雇及调职政策和实践。

（五）循证人力资源管理以及科学的做事方式

我们已经看到，根据对一种情境所做的可衡量的、客观的审视来做决策是非常重要的。循证人力资源管理意味着，通过运用数据、事实、分析方法、严谨的科学手段、批判性评价，以及经过审慎评估的研究或案例，来支持人力资源管理方面的各种建议、决策、实践及结论。

循证的概念在某种程度上有科学化的特征，《哈佛商业评论》上的一篇文章就指出，企业的人力资源管理者必须科学化，在处理各种人力资源方面的事情时要学会像科学家一样思考。

那么，如何成为科学化的管理者，如何进行科学化的管理，以及如何实现科学化的管理目标呢？

首先，客观、实验及预测是科学化管理的核心。管理者在工作时必须保持客观的态度，否则他们的处理结果或得出的意见等就会不公正，就不能让人信服。最近，一所医学院对几个教授进行了处分，因为他们隐瞒了曾在某家制药公司工作的事实，而且这所医学院正在对这家药企的一些药品进行研究。在这种情况下，还有谁会相信这些教授得出的研究结论是客观的呢？

其次，科学化还要求进行科学实验。这里的科学实验指的是人们为了确保自己能够理解某些结果产生的原因而设计的一种测试。例如，在《哈佛商业评论》上有一篇题为"商业实验设计步骤指南"的文章。该文作者称，想要判断某个新的奖励计划对于公司的利润可能产生的影响，不要直接针对全体员工实施这一计划。相反，应该先在一个实验组（对这一组员工实行奖励计划）中实施，同时找到另一个小组作为控制组（不对这一组员工实行奖励计划）。这样做的目的是更准确地估计一下，如果确实出现了绩效改进，则这种改进到底是由于实施奖励计划还是由于别的原因（如一项在整个公司范围内实施的新的培训项目）。另外，这种做法有助于预测出一旦对这个奖励计划做出调整，绩效可能会受到怎样的影响。

对于管理者来说，做到科学化的要点在于通过收集相关的事实来做出更好的决策。有关人力资源管理者采用科学的、循证的方法进行决策的例子比比皆是。例如，一家保险公司考虑通过对资深保险销售员实施一项买断计划来降低成本，因为他们中的大部分人领取的薪酬都很高。但是公司的人力资源管理部门在对相关数据进行分析之后注意到，这些资深保险销售员的销售收入在整个公司的销售收入中所占的比例远远超过他们的人数所占的比例。事实上，该公司通过对诸如员工的薪酬和生产率等方面的数据进行审查之后发现，如果减少一些薪酬水平较低的呼叫中心员工，然后用薪酬水平更低的其他员工来取而代之的话，公司的利润会更高。又如，巴斯夫公司曾经对在其美国总部工作的所有员工进行了关于工作压力、身体健康水平及工作效率等方面的研究，并仔细分析了研究数据。最后根据分析结果，巴斯夫公司出台了很多保障员工健康的规定与计划，这些方案有效地缓解了员工的工作压力，从而提高了公司的生产率，对公司来说，收益远超成本。

第二节 人力资源管理的发展趋势

一、影响人力资源管理的若干发展趋势

一个组织、一个企业都需要有人为其提供人员配置，人力资源管理在企业发展的历史中始终起着关键作用。例如，人力资源管理者通过与直线管理人员相互配合，已经在帮助企业管理员工、筛选员工及就可用的绩效评价表格提供建议等。

然而，无论是他们所做的事情本身还是他们做事的方式都在发生变化，导致这些变化出现的某些原因是显而易见的。例如，企业现在可以让员工利用局域网修改自己的福利计划，而这在几十年前是不可能的事情。而其他一些对人力资源管理实践产生影响的趋势则可能显得更加微妙。这些趋势包括经济全球化、负债增加（杠杆机制）、管制放松、技术、工作性质、人口结构的变化、各种经济挑战等，如图 1-2-1 所示。接下来，我们将讨论这些发展趋势。

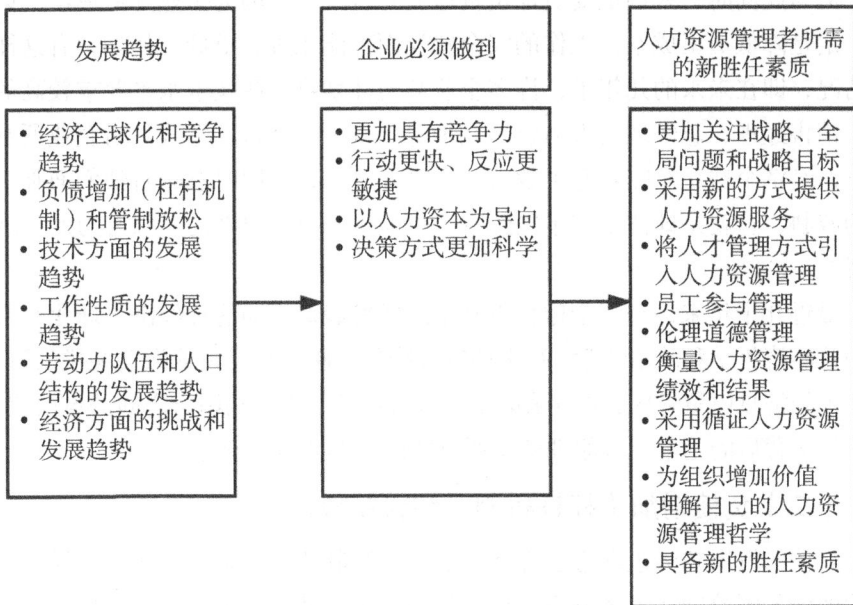

发展趋势	企业必须做到	人力资源管理者所需的新胜任素质
• 经济全球化和竞争趋势 • 负债增加（杠杆机制）和管制放松 • 技术方面的发展趋势 • 工作性质的发展趋势 • 劳动力队伍和人口结构的发展趋势 • 经济方面的挑战和发展趋势	• 更加具有竞争力 • 行动更快、反应更敏捷 • 以人力资本为导向 • 决策方式更加科学	• 更加关注战略、全局问题和战略目标 • 采用新的方式提供人力资源服务 • 将人才管理方式引入人力资源管理 • 员工参与管理 • 伦理道德管理 • 衡量人力资源管理绩效和结果 • 采用循证人力资源管理 • 为组织增加价值 • 理解自己的人力资源管理哲学 • 具备新的胜任素质

图 1-2-1 影响人力资源管理的发展趋势

（一）经济全球化和竞争趋势

经济全球化指企业扩大其销售、所有权或制造活动到国外新市场的趋势。自由贸易区是一个减少贸易关税和贸易壁垒的协定，自由贸易区的建立进一步促进了国际贸易的实现。导致企业进行国际贸易的原因有很多，其中之一就是扩大销售，主要基于当地的销售额来衡定。当地销售额持续走高时，就可以计划扩大在当地的市场份额，甚至将生产线开在当地来扩大销售。

此外，企业向海外扩张的其他原因中，廉价劳动力是重要因素之一。一些制造商希望在降低劳动力成本的同时发掘新型产品。因此，一些服装制造商在迈阿密设计和裁剪面料，然后在劳动力成本相对较低的中美洲缝制实际产品。从另一个层面上来讲，与外国企业结成伙伴关系的潜在可能性也会鼓励一家公司在海外开展业务，主要是为了迅速打开海外市场。

对于商界人士而言，经济全球化的基本特征是：经济全球化程度越高，竞争越激烈，企业需要承担更大的压力，成为世界级企业不仅需要战略手段，还需要更严格地控制成本、激励员工，寻找成本与员工满意度的平衡点。经济全球化既给我们带来了好处，也带来了挑战。对消费者来说，经济全球化的优势占比更大些，意味着从电脑到汽车的一切东西变得更便宜，但质量更高了。

但与此同时，人们也要更加负责地去对待工作，因为企业降低成本的第一步一定是降低员工成本，工作的安全感反而可能比过去更低。例如，有这样一种情况，即在未来的几年里，许多企业甚至计划将一些技术水平要求较高的职位（销售经理、总经理及人力资源经理等）也采取外包的形式。对企业所有者而言，经济全球化意味着有了数百万的潜在客户，但同时意味着他们面临一种新的威胁，这就是即使是在本国经营，可能也需要面对新的、强有力的全球竞争者。

最近几十年来，经济全球化得到了迅猛发展，驱动这种经济全球化繁荣的是一些经济哲学和政治哲学。很多国家都降低了跨国交易税或海关关税的税率，组建了经济自由贸易区，并且采取了一些其他措施来鼓励国家之间的自由贸易，这些做法背后的基本经济原理就是所有的国家都能从中获益。

（二）负债增加（杠杆机制）和管制放松

其他的发展趋势也促进了经济的发展，管制放松就是其中之一。经济的迅速发展使各国政府在经济方面放松了管制，越来越多的银行开展了贷款业务，个人和企业可以自由贷款来满足自己的需求。这一政策的出台，让企业和个人在一时间变成了负债者。人们很乐意接受这种"最低价"的消费模式，利用分期、贷款来购买昂贵的东西，消费者实际上花的比赚的多。因此，一些看起来的繁荣很大程度上是建立在债务基础上的，造成了假象。

（三）技术方面的发展趋势

众所周知，技术进步几乎改变了我们所做的每一件事的性质。同样，技术不仅改变了企业的经营方式，还改变了企业做事的方式。越来越多的公司为了节省人员成本，将呼叫中心转移到劳动力成本更低的地区，以低成本劳动力来完成技术含量低的工作，利用在线虚拟社区来提高效率。例如，洛克希德·马丁公司为了获得 3 亿美元的海军造船订单，构建了一个可以让全球 200 家供应商在其中进行设计工作的虚拟环境，这些供应商是通过一个位于每家企业的防火墙外部的私人内联网联系在一起的。

（四）工作性质的发展趋势

工作性质变化的一个潜在影响是，技术进步也将对人们完成工作的方式、员工所需要的技能和培训产生巨大影响。越来越多的传统工厂引进了高科技的生产线，这也对企业提出了更高的要求：引进或培养高等人才。企业可以通过人才引进或自行培养等手段来获取高科技人才，以顺应时代的发展要求。美国政府出版的《职业前景季刊》指出：航空、计算机、通信、家用电器、制药和医疗器械等行业的知识密集型高科技生产岗位正在取代钢铁、汽车、橡胶和纺织等行业的工厂岗位。

技术并不是导致工作性质由肌肉转变为大脑的唯一驱动力。随着生产率的迅速提高，制造商可以用更少的员工生产更多的产品。准时生产技术也使企业的日常生产计划更加准确，更能满足客户的需求，从而大大减少了系统的浪费，同时减少库存需求。随着基于互联网的客户在线订购系统和零库存生产系统的集成，生产计划变得越来越精确，越来越多的制造商通过与供应商的合作建立了完整的供应链。因此，在美国和大多数欧洲国家，制造业的工作岗位很少，而服务业的工作岗位数量在迅速增加。

但一般来说，最好的工作仍然需要工作人员接受过更高的教育和具备更多的技能。对于管理者来说，这种情况意味着企业需要越来越多的知识型员工，所以他们会更加重视人力资本。人力资本对于企业来说也是一种资本，其主要指企业中员工的知识、正规教育、培训、技能和经验的情况。我们生活在一个科技飞速发展的时代，这使得人力资本的培养和利用更加重要，对于人力资源管理也提出了更高的要求。当代人力资源管理者应更加注重培养批判性思维和解决问题的能力，以及对信息技术的应用能力。

例如，一家银行通过安装一套特殊的软件，使自己的客户服务人员能够更容易地处理客户的各种要求。然而，这家银行并没有对客户服务代表的工作做任何方面的改变。在这种情况下，新的软件系统的确使客服人员能够应答更多的客户呼叫，但是这家银行并没有取得明显的绩效提升。

另一家银行也安装了一套同样的软件。不过，为了充分发挥这套新软件的效益，这家银行对它的客户服务工作进行了升级。银行对客户服务代表进行了新的培训，教他们如何销售更多的银行产品，赋予他们更大的权力来做出决策，提高了他们的薪酬待遇。在这种情况下，这套新的计算机软件系统大幅提高了银行的产品销售额和盈利水平。这里的道理就在于，现在的企业需要人力资源管理者做的不仅仅是雇用和解雇员工，以及对福利进行监控；相反，需要这些人力资源管理者具备创造人力资本的人力资源技能。在当前这个高科技的竞争世界中，这种人力资本是企业所必需的。

（五）劳动力队伍和人口结构发展趋势

上述一切都是伴随着劳动力队伍和人口结构的发展变化而发生的。以美国为例，人口结构发展趋势最为重要的是，劳动力队伍越来越老龄化，同时越来越种族多元化。来自美国劳工部劳工统计局的表 1-2-1 为我们提供了各类人口在劳动力队伍中所占的百分比变化数据。例如，1996 ～ 2016 年，非拉美裔白人在劳动力队伍中所占的比例从 75.3% 下降到 64.6%，非裔劳动者在劳动力队伍中所占的比例从 11.3% 上升到 12.3%，亚裔劳动者所占的比例从 4.3% 上升到 5.3%，拉美裔劳动者所占的比例从 9.5% 上升到 16.4%。年轻劳动者所占的比例有所下降，而 55 岁以上的劳动者所占的比例从 1996 年的 11.9% 增加到了 2016 年的 22.7%。

表 1-2-1　各类人口在劳动力队伍中所占的百分比

%

年龄、族裔与种族	1986 年	1996 年	2006 年	2016 年
16 ～ 24 岁	19.8	15.8	14.8	12.7
25 ～ 54 岁	67.5	72.3	68.4	64.6
55 岁以上	12.6	11.9	16.8	22.7
非拉美裔白人	79.8	75.3	69.1	64.6
非裔	10.7	11.3	11.4	12.3
亚裔	2.9	4.3	4.4	5.3

年龄、族裔与种族	1986 年	1996 年	2006 年	2016 年
拉美裔	6.9	9.5	13.7	16.4

与此同时，人口结构的发展趋势也使得寻找、雇用和管理员工的工作更具挑战性。一是时代对于受过高等教育的劳动力的需求存在缺口，二是职员的匹配度不高，社会需求与员工的心理需求不相符。这就给人力资源管理者带来了新的问题：如何获取、开发和保留人才来满足企业的人力资源需求。

此外，一些专家指出，许多年轻的工作者可能和他们的父母有不同的工作价值观。相关数据表明，老一代员工更注重工作的稳定性，更关注工作本身，而年轻一代的员工可能更以家庭为中心，或者在家庭生活和工作生活之间取得平衡，更加注重生活的舒适度。

《财富》杂志指出，当今的"千禧一代"（又称作"Y 一代"）员工会给企业同时带来挑战和优势。它认为，这些员工或许是"人类历史上最难留住的员工"。《华尔街日报》则把他们称为"最爱得到表扬的一代"，并说明了兰斯恩德公司和美洲银行是如何教导其管理者通过提供迅速的反馈和认可来表扬新一代员工的。然而，作为第一代在成长过程中使用电脑和电子邮件的人，他们使用信息技术的能力也使他们成为表现最好的一代。

很多人力资源专业人士认为"劳动力老龄化"不仅是人口变化的趋势，而且是对企业影响最大的问题之一。一个根本的问题是，没有足够的年轻劳动力来取代那些在"婴儿潮"时期出生并进入退休年龄的员工。许多企业正以各种方式应对这一挑战：召回退休员工；预测组织内部未来退休率；设计有利于吸引和留住半退休工人的就业方式。与此同时，非传统劳动者是另一个发展趋势，也就是临时工或兼职工人，或从事轮班工作（例如，母亲和女儿共享一个工作岗位）的人。

（六）经济方面的挑战和发展趋势

所有上述发展趋势都发生在一个充满挑战和剧变的大背景下。美国的国民生产总值在 2001—2007 年出现了迅猛增长。在此期间，美国的住房价格出现了每年 20% 的大幅上涨（见图 1-2-2），失业率则保持在大约 4.7% 的相对正常的水平。此后，2007—2008 年，住房价格下跌了 20% 甚至更多（各城市的情况不同），整个国家范围内的失业率超 8%。

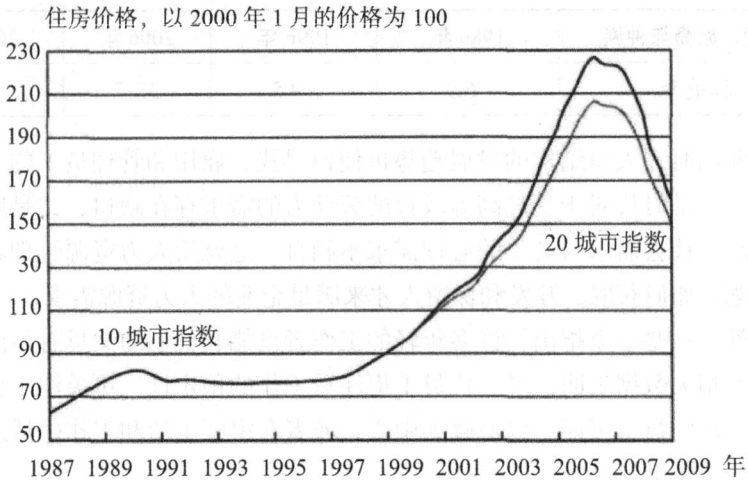

图 1-2-2　标准普尔住房价格指数

　　为什么会发生这种情况呢？这是一个很复杂的问题，但可以肯定的一点是，这么多年累积的债务已经走到了尽头。银行和其他金融机构（如对冲基金）发现其账目中有数万亿美元的毫无价值的贷款，政府只得介入以阻止这些金融机构崩溃。但是，借贷的资源枯竭了，大量的企业和消费者停止了消费，这样经济就出现了衰退。

　　经济形势毫无疑问会再次好转，然而，毋庸置疑，这些情况显然已经引起了企业的注意。许多国家的经济增长步伐将会放慢，从而企业将会面临更加严峻的时期。所谓的严峻时期，意味着在可以预见的不久的将来，甚至是在形势已经好转之后，企业将不得不比过去更加节约、更加富有创造性地管理自己的人力资源。

二、人力资源管理发展新趋势

　　上面谈到的这些发展趋势都会转化为人力资源管理实践中的一些变化，同时也会导致企业对其人力资源管理者的期望发生变化。下面就来看一看这些方面的一些具体情况。

（一）人力资源管理者的新任务

　　在 20 世纪的大部分时间里，人力资源管理者关注的是事务性工作。随着一些新技术的出现，人事部门的作用开始扩大到员工选拔和培训等方面，而不仅仅是负责简单的招聘与辞退工作。随着工会立法的出现，"帮助用人单位处理工会问题"这一新的内容也增加到人事部门的工作职责中。20世纪六七十年代，美国国会颁布了新的公平就业机会方面的法律，企业开始依靠自身的人力资源管理专家帮助自己避免陷入就业歧视诉讼，并帮助自己处理此类诉讼。

今天，我们看到许多企业正处于一个充满挑战的新环境，充满竞争，同时也充满生机。经济全球化、竞争、技术和劳动力的发展趋势，以及经济动荡，都使企业面临许多新的挑战。企业需要跟随时代的脚步前进，高层管理者不仅期望而且要求人力资源管理者表现出帮助他们积极应对这些新挑战的能力。

所以，人力资源管理领域的第一个变化就是，今天的新的人力资源管理者正在面对更多的全球性问题，企业希望他们在做好招聘等基础工作的同时，能为公司内部管理出谋划策，能够帮助员工更好地为企业的成功做出贡献。此外，企业也希望他们帮助高层管理者制订和实施一些关于公司内部事宜的规定，并参与长期规划或战略制订。

人力资源管理者的工作重心正从提供交易服务转向为高层经理提供"信息丰富和支持性的"自我决策建议。那么，诸如招聘和对员工进行测试以及与员工签约等事务性工作由谁来做呢？

人力资源管理者需要找到提供事务服务的新方法，使用新的方法来提供传统的和"基本的"事务性人力资源服务。在当代的人力资源管理中，这种基础事宜一般会交给外包公司来处理，在筛选和雇用环节，人力资源管理者只需要做最后的"拍板"工作即可，他们利用技术（如基于内部网的网站）使员工能够自己管理他们的福利计划（见表1-2-2）。戴尔等企业还建立了专门的集中呼叫中心来回答员工及其上级提出的与人力资源有关的各种问题。

表1-2-2　一些能够支持人力资源管理活动的应用技术

技术	在人力资源领域中的应用
应用服务提供商与技术外包	应用服务提供商提供应用软件，在软件上进行初步筛选以及信息采集
门户网站	主要用于信息管理
桌面流媒体视频	用于培训员工、远程教学
互联网与网络监控软件	用来监控员工的绩效表现
电子签名	运用具有法律效力的电子签名，用于各种申请表及存档所需要的签名
电子账单的呈递与支付	主要应用于电子支付和交易凭证

技术	在人力资源领域中的应用
数据库与计算机化的分析程序	帮助人力资源管理者监控公司的人力资源体系

人力资源管理者应具备新的人力资源管理技能，如战略制订、内部咨询以及与外部服务提供商打交道等，他们也需要掌握更广泛的商业知识和技能。例如，在企业的发展中，高层领导者希望其可以帮助自己制订战略，这就需要人力资源管理者熟悉战略规划、营销、生产和财务等方面的规则和流程。

高层管理者和财务总监已经认识到人力资源管理在实现企业战略目标中的关键作用，人力资源管理可以更有效地控制人员成本，也间接影响了组织运营结果（见图1-2-3），这也有可能是人力资源高管薪酬水平越来越高的部分原因。

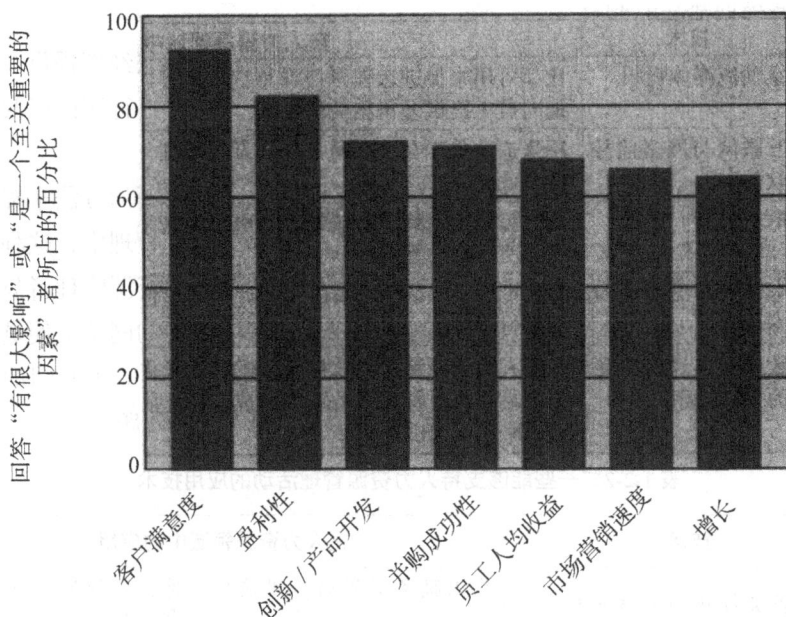

图1-2-3　人力资源管理对运营结果的影响

（二）战略性人力资源管理

尼卡斯特公司的特里·鲁兹和他的人力资源团队通过合作来设计和执行公司战略的过程，也就是管理者所说的"战略性人力资源管理"。战略性人力资源管理，就是通过合理规划来制订和实施相关的人力资源政策和实践，以企业目标为主导，帮助员工实现战略目标。企业的大部分新战略需要员工学习新的技能，或者直接通过招聘来获取新技能人才，公司的战略人力资源规划使它能够雇用合适的人。

（三）高绩效工作系统

许多竞争和经济挑战也意味着公司现在必须专注于提高生产率和绩效，对于当今社会的人力资源管理来说，帮助企业在充满挑战的时代提高绩效才是重中之重。在这种环境下，首先要对招聘提出要求，把人力资本放在首位，通过选择、测试、筛选求职者可以帮助企业获得更高绩效水平的员工。与此同时，要加强对原有员工的培训，使之具备与公司发展相匹配的技能。另外，高绩效工作制度是一套能够产生优秀员工绩效的人力资源管理政策，从较高的盈利能力、较低的运营成本和较低的员工流动率来看，采用高绩效工作体系的企业的整体绩效水平也是最高的。

（四）循证人力资源管理

在今天这种充满挑战的环境中，企业很自然地希望自己的人力资源管理团队能够衡量本企业的绩效。例如，"这项新的甄选测试程序能够让公司通过降低员工离职率带来多少成本的节约？""如果我们实施了一项新的培训计划，员工的生产率能够提高多少？"以及"从每位员工对应的人力资源管理者人数这一角度来说，与我们的竞争对手相比，我们的人力资源管理团队的生产率如何？"提供类似这样的一些证据恰恰是循证人力资源管理的核心。

简而言之，循证人力资源管理就是在与某一人力资源管理实践相关的决策过程中，谨慎地运用现有的最佳证据。证据可能来自实际推测（例如，受培训者是否喜欢这个培训项目？），也可能来自已有的数据（例如，在我们实施了这项培训计划之后，公司利润有什么变化吗？）。此外，这些数据还有可能来自公开发表的评估性科学研究（例如，对于保证受训者记住所学内容的最好方法是什么这一问题，科学研究文献得出了怎样的结论？）。

对可衡量性的一个基本要求是，人力资源管理者需要获得一些数据。具体来讲，人力资源管理者需要量化的绩效衡量指标（绩效指标）。例如，从中位值的情况来看，人力资源成本在企业的总运营成本中所占的比例平均为0.8%。此外，有趋势表明，在每100名员工中通常会有0.9～1位专业的人力资源管理人员（这一比例在零售和流通企业中更低一些，而在公共组织或政府部门中更高一些）。

（五）伦理道德管理

几乎每隔几年就会有一些管理者因为自己的不道德行为而成为新闻的主角。道德是用来决定一个人行动的标准，现代社会使道德丑闻会对人的未来产生长期影响，应该让所有的管理者在做任何事情之前都三思而后行。

这种情况当然也适用于人力资源管理。我们可以发现，在 10 个最重要的工作场所道德问题中，有 6 个——工作场所安全、员工档案的安全性、员工偷窃行为、积极的反歧视行为、可比性工作、员工隐私权都与人力资源管理密切相关。

（六）人力资源管理认证

随着企业对人力资源管理工作的要求越来越高，我们看到人力资源管理的专业化程度不断提高也就不应该再感到吃惊了。已经有 6 万多名人力资源管理专业工作者通过了美国人力资源管理协会（SHRM）的一项甚至多项人力资源专业资格认证考试。这些考试考查人力资源管理从业者在不同方面的知识，那些能够通过这种考试的人将会获得人力资源高级专业人员（SPHR）、全球人力资源管理专家（GPHR）或者人力资源专业人员（PHR）的资格认证。

第三节　新型人力资源管理者

过去的"人事"管理者关注的最多的是日常行政性活动，随着人员测试专业技术的出现，人事部门开始在员工甄选和培训方面扮演更多的角色。20 世纪 30 年代的新的工会立法将"帮助企业与工会打交道"增加到人事部门的工作职责之中。随着 20 世纪 60 年代有关公平雇用方面的新的法律的颁布，企业开始依靠其人力资源管理部门避免自己陷入歧视诉讼之中。

今天，企业面临着通过经营获取更多利润等一系列新的挑战，他们期望自己的人力资源管理者拥有应对这些新挑战的能力。让我们来看看今天的人力资源管理者是如何迎接这些挑战的。

一、新型人力资源管理者的特点

新型人力资源管理者具有以下多个方面的特点。

（一）更关注战略性、全局性的问题

人力资源管理者更多地参与到了帮助自己公司处理长期性、战略性、全局性的问题当中。简而言之，战略人力资源管理就是制订并实施有效的人力资源管理政策和做法，从而获得公司实现战略目标所需要的员工能力和相应的行为。

（二）关注如何提升绩效

企业期望他们的人力资源管理者帮助进行领导绩效提升活动。今天的人力资源管理者在提高公司业绩和盈利能力方面处于强有力的地位，主要是通过三个主要杠杆确立的。第一个杠杆是人力资源部门的杠杆。人力资源管理者可以确保人力资源管理高效率地提供服务，可以通过外包、裁员或员工雇用的选择来以较低的成本提供人力资源服务。第二个杠杆是员工成本杠杆。例如，人力资源经理在向高层管理人员提供有关公司人员编制水平以及制订和控制公司的薪酬、奖金和福利政策等方面的建议时，发挥着重大作用。第三个杠杆是战略结果杠杆。人力资源管理者通过制订和实施各种人力资源管理政策，挖掘和提升员工的能力和技能来实现企业战略目标。

（三）衡量人力资源管理的绩效和结果

对性能的关注需要性能度量。管理层希望人力资源管理者能够为当前人力资源管理活动的效率和效果提供可衡量和基准的证据，这就需要人力资源管理者制订相应的衡量机制来对绩效和结果做系统化的评估，来表明其员工以一种有意义和积极的方式帮助公司实现其战略目标。

举个例子来说，当 IBM 公司的麦克唐纳需要用 1 亿美元调整公司的人力资源管理工作时，他是这样告诉公司的高层管理人员的："我将为你们提供技术熟练、准时到位而且随时可用的人才。我将对员工的技能进行衡量，而且可以告诉你们公司的员工当前拥有哪些技能、尚不具备哪些技能，并且向你们表明我们将如何弥补两者之间的差距或者是强化我们的培训。"人力资源经理通常用绩效衡量标准（或指标）来证明这类宣言的有效性。例如，平均而言，人力资源管理费在公司总运营成本中所占的比例在 1% 以内。又如，每 100 名公司员工大约可以有一名人力资源部门的员工提供服务。

（四）运用循证人力资源管理

人力资源管理者通常使用各种数据、事实、分析方法、严格的科学手段来进行关键评估和仔细评估，通过分析研究或案例来支持自己的建议、决定，从而得出人力资源管理的实践结论。证据可能来自实际评估（如受培训者是否喜欢这个培训项目），也可能来自一些已有的数据（如在实施了这项培训计划之后，公司利润有什么变化）。此外，这些数据还有可能来自已经公开发表的研究（例如，大量的科学研究文献对于下面这个问题得出了怎样的结论：能够确保受训者牢记学过的内容的最好方法是什么）。

（五）为组织增加价值

归根结底，今天的企业都需要它们的人力资源管理者通过提高公司的利润和绩效水平来为公司增加价值。戴维·尤里奇教授和韦恩·布洛克班克教授将企业的这种诉求描述为"人力资源价值主张"。他们认为，各种人力资源管理项目（如甄选测试）都只不过是获取结果的一种手段而已，人力资源管理者的终极目标在于增加价值。"增加价值"的意思是，通过人力资源管理者的行动，以一种可衡量的方式帮助公司及其员工取得改进。

（六）采用新的方法提供人力资源服务

为了节约时间履行新的战略性职责，同时以成本有效性更高的方式提供人力资源服务，今天的人力资源管理者采用新的方法来提供传统的日常性人力资源服务（如福利管理）。例如，他们可以利用公司门户网站等技术让员工自己管理个人的福利计划，利用脸谱网招募模块来招聘员工，通过在线人员测试进行求职者的预甄选，还可以使用集中呼叫中心来回答各级主管人员提出的与人力资源管理有关的问题。表1-3-1描述了一些企业是如何利用各种技术来为人力资源管理活动提供支持的。

表1-3-1　支持人力资源管理活动的技术运用

技术	如何被人力资源管理者运用
桌面流媒体视频	远程学习和培训员工
互联网与网络监控软件	监控员工在外网的活动情况以及绩效表现
数据库与计算机化的分析程序	帮助人力资源管理者监控公司的人力资源管理系统

（七）将人才管理方法引入人力资源管理

在企业迫切要求提升绩效的情况下，一项针对人力资源高层管理人员的调查发现，"人才管理问题"是他们所面临的最紧迫的问题之一。人才管理是一个以目标为导向的整合人力资源规划、招聘、开发、管理以及薪酬等人力资源管理活动的过程。它将识别、招聘、雇用和开发员工等活动变成了一个协调一致的整体。例如，IBM公司将其员工划分为三种类型，这样就能更好地协调对每一类员工的服务。

（八）管理员工敬业度

提升绩效要求有敬业的员工。企业生产力研究所将"敬业的员工"定义为在精神、情绪方面投入工作且能够为企业的成功做出贡献的员工。然而，令人遗憾的是，很多研究表明，在美国只有不到三分之一的劳动力能称得上是敬业的员工。今天的人力资源管理者需要具备管理员工敬业度的能力。

（九）管理伦理道德

令人遗憾的是，在今天的新闻报道中充斥着很多管理者在伦理道德方面的恶行。举个例子来说，检察官对艾奥瓦州的几家肉类加工厂的人力资源经理提起了诉讼，原因是他们违反政府雇用法律，雇用 16 岁以下的童工。即便是对于那些管理水平很高的管理者和企业来说，也同样存在被类似行为毁掉的危险。伦理道德是指人们在决定自己该采取何种行为时所依据的标准。许多发生在工作场所的非常严重的伦理道德问题，如工作场所的安全问题和员工隐私问题，都与人力资源管理有关。

（十）理解人力资源管理哲学

人们的行为总是部分地建立在他们做出的一些基本假设之上的，这一点在人力资源管理领域尤其适用。人力资源管理者所做出的关于人的所有假设——人值得信任吗？他们厌恶工作吗？他们为什么会有这样的行为？应该如何对待他们？共同构成了人力资源管理哲学。而人力资源管理者所做的每一项人事决策——雇用员工、提供培训、采用某种领导风格等都反映了那些基本的哲学（无论其好坏）。

从某种程度上说，这些是早就注定的。毫无疑问，一个人最初带入工作中的哲学是基于个人已有的经验、所受的教育、价值观、各种基本假设以及个人背景等因素的，但哲学并不是一成不变的，它会随着个人的知识和经验的积累而不断发展。例如，当为苹果公司生产手机的鸿海集团富士康工厂发生了工人抗议之后，面对员工的要求和苹果公司的不满，富士康工厂的人事管理哲学就相应地软化了。无论如何，任何一位管理者都不能在对驱动自己采取行动的人事管理哲学未能充分理解之前就开始管理他人。

对一个人的人力资源管理哲学的塑造产生影响的部分因素，源于其所在组织的高层管理者的管理哲学。尽管组织高层管理者的这些管理哲学并不一定会明确表述出来，但通常会通过他们的行动传递出来，并且渗透到组织的每一个层级和部门。例如，下面是宝丽来公司的创立者在多年前曾表述的部分人事管理哲学：

公司要为每一位员工提供充分施展个人才能的机会，其中包括表达自己的意见，在个人能力允许的范围内分享公司的进步，以及赚到足够多的钱等，这样他们才不会在心里总是将赚更多的钱放在第一位。简而言之，就是要为员工提供一个机会，使他们在这里的工作能够得到充分的回报，并且成为他们生活中一个非常重要的组成部分。

在当今的"最佳雇主"榜单中就包括许多有着类似管理哲学的组织。例如，软件巨头赛仕软件公司（SAS）首席执行官曾说过这样一段话："我们努力创建一种基于企业和员工之间相互信任的公司文化……这种文化奖励创新，鼓励员工尝试新鲜事物，并且不会因为他们的创新行为而惩罚他们，这种文化还关注员工的个人成长和事业发展。"

有时，很多公司会将这样的管理哲学转化为管理大师所说的高绩效工作系统，即"能够创造卓越员工绩效的一整套人力资源管理实践"。例如，位于北卡罗来纳州达勒姆的通用电气公司装配厂就利用训练有素的自我指导团队生产出了高度精密的飞机部件。

（十一）拥有新的胜任素质

制订战略和以数据为基础的决策等工作任务，要求人力资源管理者掌握新的技能。人力资源管理者不能只擅长完成诸如雇用和培训员工等传统的人事管理工作。相反，他们必须能够运用首席财务官的语言，即使用量化的条件（如投资回报等）来为自己的人力资源管理计划进行自我辩护。

为了确定战略计划，人力资源管理者必须能够理解战略规划、市场营销、生产和财务等方面的内容。这也正好说明了为什么在《财富》100强企业的高层人力资源管理者中，大约三分之一的人都来自非人力资源管理领域。人力资源管理者必须有能力实施大规模的组织变革，能设计组织结构和工作流程，同时还要懂得如何在市场上开展竞争并取得成功。

二、人力资源管理者的胜任素质

图 1-3-1 展示了今天的人力资源管理者需要具备的胜任素质。戴维·尤里奇教授和他的同事认为，今天的人力资源管理者需要具备扮演以下角色的知识、技能和能力：

①战略定位者。例如，能够帮助公司制订战略。

②可信的行动者。例如，通过展现"既可信（被人尊敬、钦佩和认同）又积极（提供见解、承担责任）"的领导力来实现。

③能力建设者。例如，创造一个有意义的工作环境，以及使组织的战略、文化、管理实践和员工行为协调一致。

④变革推动者。例如，发动和维持变革。

⑤人力资源管理创新者和整合者。例如，开发人才，通过员工队伍规划和分析来对人力资本进行优化。

⑥技术倡导者。例如，通过技术将人们联系起来。

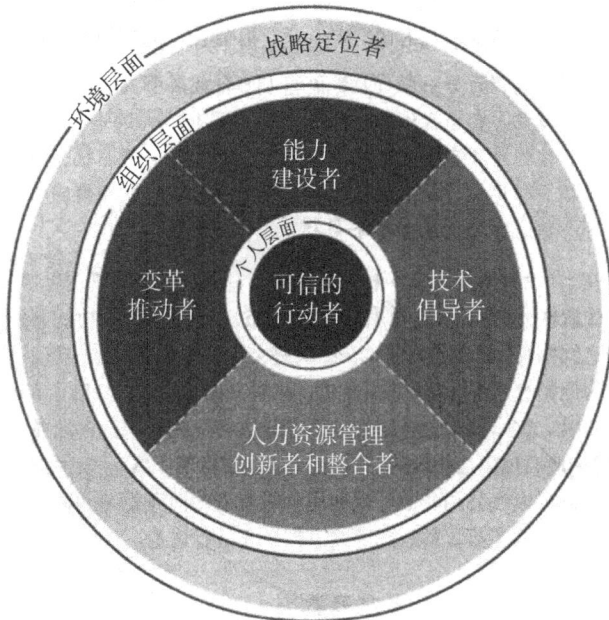

图 1-3-1　人力资源管理者的胜任素质

（一）人力资源认证协会的认证

许多人力资源管理者都利用专业认证来证明自己掌握了现代人力资源管理的知识。人力资源认证协会（HRCI）是一个独立的、针对人力资源管理专业人员设置的认证组织。人力资源认证协会向考试通过者授予相应的证书，其中包括人力资源专业人员（PHR）和人力资源高级专业人员（SPHR）等。

到目前为止，已有（虽然并不完整）的证据表明，总体来说，通过上述能力认证反映出来的人力资源管理胜任素质与实际的工作有效性之间存在正相关关系（当然，一个人的职业成功最终还要取决于其将所学知识应用于实践的能力，而并不只是知识本身）。

（二）人力资源认证协会的知识点

人力资源认证协会的知识体系大致由以下占比不同的几个主题构成（人力资源专业人员认证考试中所占的百分比／人力资源高级专业人员考试中所占的百分比）：战略性企业管理，12%/29%；员工队伍规划与雇用，26%/17%；人力资源开发，17%/17%；总报酬，16%/12%；员工关系与劳资关系，22%/18%；风险管理，7%/7%，以及某些具体的核心知识，如有关激励和职位分析方面的知识。

不同企业对于人力资源认证的要求各不相同，但并不能否认这是对于公司利好发展的一个重要方面，对人力资源管理者的高要求，也是对公司未来发展和决策有利的重要方面。

第二章　大数据与人力资源管理的关系

当前，大数据浪潮正在影响社会的各个领域，人力资源管理也不例外。借助商业智能工具，人力资源管理从过去凭借主观经验的方式转向基于事实数据的方式，人力资源评估已从单个专家的主观评估转变为基于大数据处理技术及数学模型的测评，企业的招聘流程也逐渐依赖于社交网络和大数据技术。

第一节　人力资源管理新形势

在了解大数据与人力资源管理的关系之前，首先需要介绍一下目前人力资源管理的现状和发展趋势。

一、人力资源管理的变化

在互联网时代，信息的碎片化已成为现实。在信息的碎片化局势下，出现了时间碎片化、学习碎片化、用工碎片化等现象。在这种情况下，劳动力供给公式已经发生了很大的变化。

以往的公式为：

劳动力供给 = 劳动者人数 × 劳动时间

现在的公式为：

劳动力供给 =（全职雇佣的劳动者 + 非全职雇佣的劳动者）×（小时工作时间 + 加班时间 + 碎片化时间）

因此，人力资源管理已经不再是"员工管理"，而应该叫作"劳动力管理"或"劳动者管理"。劳动者不一定是员工，而是为企业提供劳动的所有人。企业的边界正在被打破，工作正在被重新定义。同时，企业获得了更低廉的劳动成本。

最典型的是密集型知识劳动者所从事的行业，如互联网、传媒行业和创新产业等，可以用组建项目团队、聘请专家的方式来完成工作。随着互联网和大数据技术的发展，劳动力管理系统能够更加有效地帮助企业整合劳动力资源，找到最适合企业的员工。

互联网和大数据还改变了人们的工作方式，很多自由职业者（专栏作家、网店店主、专车司机等）都通过网络平台找到工作，实现了灵活就业。在一个人人都可以成为创业者的时代，过去的"个体户"概念逐渐变为今天的"自我雇佣者"。这些劳动者的社会福利和社会保障同样应该受到重视，这就是人力资源管理部门需要考虑的问题。

二、征信对于人力资源管理的重要性

这里所说的征信指建立基于大数据的个人信用调查系统。一般来说，个人信用信息主要用于个人信用卡申请、办理房屋和汽车贷款，以及求职、办理保险等事项。在当今社会，个人的信用体系十分重要，信用调查是信用体系的基础。在互联网时代，互联网和信用调查的结合导致了互联网信用调查的出现。"大数据分析和信息的自动收集"是网络信用研究的最大特点。根据购物信息、水电费支付、支付习惯、黑名单记录等数据，就可以基本了解一个人的信用状况。需要注意的是，互联网征信机构需要保持中立性和客观性。

三、大数据在宏观管理方面的应用

大数据应用于宏观层面的人力资源管理，可以表现在很多方面，具体如下。

（一）信息公开能够促进就业

推动社会信息公开与促进信息的共享，能够使相关行业和利益相关者提高工作效率，进而为企业和求职者带来很多便利。例如，从 2006 年起，中国人民银行上海总部公开金融信息后，催生了一批金融信息咨询服务公司，拉动了大批人的就业。

（二）实时数据可以促进就业

2009 年，联合国启动"全球脉动"计划，了解全球福利状况，调查全球性危机对人类生活的影响程度，为各国提供了实时数据分析。曾任联合国秘书长的潘基文说，联合国必须为自己的服务对象服务，要去帮助那些正在遭受失业、疾病和贫困的人。

（三）个性服务大大促进就业

传统公共服务强调群体的共性，而常常忽视个性化的服务。德国联邦劳工局通过对就业历史数据的分析，对不同的失业群体进行了区分，为不同群体提供针对性的服务，为失业人员减少了不少平均再就业的时间。

第二节　基于大数据的人力资源管理

人们对大数据人力资源管理有不同的观点，有些人认为现在的管理还称不上是大数据管理，有些人则认为当前使用的数据不够大。事实上，在互联网时代，大数据已经深入人们生活的方方面面。我们使用的互联网是"互联网＋大数据＋云计算"，从我们使用的手机到其他日常生活的购物、出行、打车，都是基于大数据的。

一、基于大数据的人力资源规划

（一）人力资源规划的含义与方法

任何组织的健康发展既离不开优秀的人力资源，也离不开人力资源的有效配置，两者缺一不可。优秀的人力资源是一个企业永葆活力的源泉，在茫茫人海、万千求职者中为企业寻找最合适、最优秀的人才，吸引众多优秀的人才并且长期留住人才、培养发展人才，从而使企业在任何挑战面前都能保持强劲的竞争力，并为企业持续发展提供雄厚的人力支持，一直以来都是人力资源部门最核心的职能。

20 世纪 90 年代后，许多企业开始注重人力资源规划，将人力资源规划和人力资源管理结合起来。要想理解人力资源规划，就必须先了解人力资源和规划的概念，然后才能了解企业的人力资源规划的作用。

1. 什么是人力资源规划

（1）人力资源

人力资源也称为劳动力资源，劳动力指可以促进和推动社会和经济发展的劳动人口。从经济学角度讲，在生产活动中所投入的所有要素统称为资源，包括人力资源、物质资源、财务资源、信息资源、时间资源等，其中，人力资源是所有资源中最有价值的资源。人力资源包括人力的数量、质量、结构等内容，其最基本的内涵是体力和智力。从实际应用的角度来看，人力资源的价值包括四个方面：体力、智力、知识和技能。与其他资源一样，人力资源也具有可开发性、时效性和增值的特征。

（2）规划

规划是对未来整体性、长期性、基本性问题的思考和设计。规划具有综合性、系统性、时效性、强制性等特点。一个合理的规划需要准确而实际的数据的支撑，目标具有针对性，数据具有精确性，依据具有充分性。

提及规划，部分政府部门工作者及高校学者都会自然想到城乡建设规划，其实人力资源也是需要规划的。如果忽视了它，也会遭遇日后发展的困境。

（3）人力资源规划

从微观上讲，人力资源规划（HRP）为企业从实现战略目标的高度出发，根据其内外部环境及自身特长，预测未来发展对人力资源的需求，以及为满足这种需求所提供人力资源的活动过程。

制订人力资源规划首先要明确组织的发展战略和发展方向，需要全方位地了解企业内部的人力资源状况，以及规划期间人才市场的变化趋势。除此之外，还要详细了解本组织最基本的主客观条件及约束，从而对企业在规划期间的人力资源需求状况进行分析和调整，其涵盖的内容主要有引进计划、培训计划、晋升调配计划、工资计划等，涉及人力资源管理中的多项工作。

从时间上划分，人力资源规划可以分为长期规划（5年以上）、短期规划（1年及以内）及介于两者之间的中期规划。

从内容上划分，可以分为组织人事规划、制度建设规划、员工开发规划。

从类别上划分，可以分为预警式规划和反应式规划。预警式人力资源规划需要仔细预测未来的人力需求，并事先有系统地满足这些需求；反应式人力资源规划是当企业出现人力资源需求时再做出相应的反应行为。

从规划内容表达和存在的形式不同的角度来说，人力资源规划可分为非正式的规划和正式的规划。非正式的规划多是由管理者在头脑里或口头上做出的构思，正式规划则有文件和数据作为支持。随着互联网的普及，人力资源管理实现了计算机系统化，能够更好地帮助企业进行正式的人力资源规划。

组织进行人力资源规划主要有四个目的：规划人力发展、促进人力资源的合理使用、配合组织发展的需要、降低用人成本。

人力发展主要包括人力的预测、人力的发展和人力的培训，这三方面是相互联系的。一方面，人力规划可以全面评估和分析当前人力状况，并实时记录公司的人员动态；另一方面，企业对将来需要的人力做出预测，可以为将来的人员需求做必要的准备，对企业的人力资源增减做出规划。

事实上，只有极少数企业人力资源的配置完全符合理想的状况。在绝大多数企业中，总是存在一些人的工作负荷过重、另一些人的工作过于轻松的不平衡状态。在工作安排中，由于没有恰当地考虑工作能力与工作内容的匹配性，一部分人会感觉自己的能力有限，在工作中存在极大的压力，而另一些人感到能力有余，未能充分利用，造成人力的浪费。人力资源规划可改善人力分配的不平衡状况，进而谋求合理化，使人力资源能配合组织的发展需要。

制订人力资源规划主要有两种方法：定量法和定性法。

定量法又称"自上而下"法，它从管理层的角度出发，使用统计和数学方法，多被理论家和专业人力资源规划人员所采用。定量法把雇员视为数字，这种方法的侧重点是预测人力资源短缺、剩余和职业生涯发展趋势，其目的是使人员供求符合组织的发展目标。

定性法又称"自下而上"法，它从员工的角度出发，把每个员工的兴趣作为主要考虑因素，把员工的能力和愿望与企业当前和未来的需求结合起来。该方法的侧重点是评估员工的绩效和晋升可能性，管理和发展员工的职业生涯，从而达到充分开发和利用员工潜力的目的。

2. 制订人力资源规划的规则

制订人力资源规划时要遵循一定的规则，主要的制订规则如下。

（1）充分考虑内部、外部环境的变化

制订人力资源规划要充分考虑企业内部的情况和外部环境的变化趋势，这样才能适应企业发展的目标。企业内部主要包括人力资源的开发、人员的流动等情况。外部变化涉及经济和社会的变化、政策变化、人才市场的变化等。企业的人力资源规划需要合理预判，并提出应对风险的策略。

（2）使企业和员工都得到长期的利益

人力资源规划不仅是面向企业的规划，还是面向员工的规划。它的设计内容、导向不仅关系着企业未来的发展，还密切关系着员工未来的职业发展。企业的发展和员工的发展是互相依托、互相促进的关系，偏向任何一方都不能取得良好的结果。如果只考虑企业的发展需要而忽视员工的发展，则会有损组织发展目标的实现。优秀的人力资源规划，既是能够使组织和员工实现长期利益的规划，也是能够使组织和员工共同发展的规划。

（二）人力资源规划的缺陷与问题

下面以企业中人才资源管理为例具体介绍人力资源规划的缺陷与问题，主要是为了提高规划编制水平。

1. 没有认清企业人才储备现状和流失危机

调查显示，多数公司的高管认为他们的公司缺乏人才储备。北京大学和光辉国际对国内知名公司进行了联合调查，接受调查的高管中有88%的人表示"很可能"或"可能"离开他们目前服务的公司，只有12%的高管明确表示他们不会离开。公司部门或地区级别的高管中有66%表示有离开的意向，副总裁或助理总经理级别的高管有此意向的也占到了59.5%。对此，调查人员认为，许多国内公司目前面临人才流失的巨大风险。

造成人员流失的原因在于企业内部环境建设不足，企业文化氛围与管理人才的思想价值观不相适应，使员工难以忍受并导致他们离开公司去找另一份工作。当前企业人才管理的主要内部缺陷如下：高层管理人员素质不高，企业文化建设不足；激励机制不够健全，无法充分调动员工的热情和积极性；无法为个人提供长期的职业前景，缺乏有效的评估系统；缺乏长期的计划和人才储备策略来促进人才的职业发展。这些不足是导致人才流失的主要因素。

2. 没有明了企业机构设置的原则

（1）任务目标原则

任何企业都是为了实现一定的目标而设置的，没有任务和目标的企业就没有存在的价值。每个企业及其每个部分都应当与其特定的任务和目标相关联。企业的调整、增加、合并或取消都应以对实现目标是否有利为衡量标准。

（2）分工与协作原则

企业设计中要坚持分工与协作的原则，做到分工合理、协作明确。对于每个部门和每个员工的工作内容、工作范围、相互关系、协作方法等，都应该做出明确规定。

按照这一原则，首先要做到分工明确。分工不细会影响专业化水平，并且容易导致职责不明确、相互推诿等问题。分工越精细，专业化程度越高，工作效率就会越高。但是，在此过程中，也容易出现机构重叠、利益冲突及增加工作量之类的问题。在明确分工的过程中，要考虑企业的实际情况，在明确分工的同时加强协作，强调团队意识，增强不同部门和团体之间的协作，实行必要补位管理。

（3）统一领导、权力制衡原则

统一领导的意思就是一个职员只接受一位上级的领导。权力制衡指的是对权力的运用进行约束和监督。在实施统一管理时，要设计好管理层次，在最高和最基本级别之间形成连续的层次链，一个级别的层次只能由一个人统一负责，下级部门只接受一个上级部门的命令；下级只能向其上级请求指示，不能越级请求，上级也不能越级进行指挥。职能管理部门通常只能充当同一级别的直接指挥系统人员，但是无权下达命令给其下属部门经理。

权力制衡原则要求在企业中形成专门的监督机构，在高层中形成权力制衡机制。另外，企业中还有质量监督、财务监督和安全监督等部门，对不同的部门工作进行监督和检查。

（4）权责对应原则

权责对应原则指的是权力和责任相对应，要避免责任重而权力小、权力大而责任轻的情况。如果有责无权或责大权小，会导致工作难以开展；如果有权无责或权大责小，则会导致权力膨胀和滥用，也容易造成组织的形式主义、官僚主义。总之，权责不对应会使各部门出现争执、推诿的现象，应尽量避免。

（三）大数据改进人力资源规划

如今，将大数据作为一种新的生产手段引入，可以使它在经济发展和社会管理中发挥巨大的作用。生产力的发展是推动社会发展的基础，而生产工具是生产力水平的标志。大数据的运用促进了社会生产力的发展，对当代社会产生了难以估量的影响，所以我们称这个时代为大数据时代。

在大数据时代，数据已成为一种非常有价值的资源，云计算、物联网等技术手段为数据服务铺平了道路。商业交易的内部信息、在线物品的物流信息、人机交互信息、人的位置信息等都是有价值的资源。这些数据资源对国家的政策和企业的经营乃至每个人的生活，都有巨大的作用。

1. 树立大数据意识

随着大数据时代的到来，员工应该具备较高的大数据意识。企业的人力资源部门是企业劳动力资源的管理者和规划者，首先要具备大数据意识。人力资源部门的大数据意识会推动企业的大数据建设，在企业预测岗位需求、规划人力资源及做其他决策时提供大数据支持。

人力资源部门要认识到大数据的巨大作用及潜在价值，并根据大数据的隐藏价值制订适当的员工计划，通过提高大数据意识，促进其他部门工作的数据化。树立大数据意识有助于顺利实施人员规划并减少规划实施中的偏差，关键是使员工意识到数据的重要性，并致力于收集真实、高质量、有价值和高度可靠的数据。只有每个员工都意识到大数据的价值和重要性，公司才能变得更具竞争力。

2. 积极搭建数据化平台

人力资源部门首先应该对企业的人资源状况有充分的掌握和认识，才可以对人力资源进行规划。但是，如果企业每次进行人力资源规划之前都要先调查，就会增加大量工作，浪费大量的人力、物力、财力和时间。

因此，企业建立数据化平台，对员工的出勤、薪酬和绩效等情况进行记录，可以在很大程度上减少工作量，节省人力成本，也能使人力资源管理工作更加规范化。如果在公司中建立了数据化平台，员工就可以在日常工作中使用该平台来记录日常出勤、工作绩效、薪水和其他内容。这不仅可以大大降低人工成本，而且可以实现对员工绩效和工作进度的标准化考查。此外，公司还需要监控数据的准确性和真实性，在执行员工绩效评估时，可以有效地分析和计算公司中任何岗位的员工的能力。

数据化也适用于高层的管理工作。数据化平台可以及时记录管理层制定的企业经营目标，为员工提供年度工作、月度工作和每日工作计划。因此，在此基础上，数据化平台预测人力资源的需求和供应也是非常实用的。数据可以用来绘制企业目标图，对企业的战略目标进行设计，并对各部门的工作需求和任务进行预测和规划。同时，管理者可以根据数据对各部门的人员数量进行调控，对工作任务进行详细分配。

3. 重视发挥大数据的预测预知功能

美国著名的沃尔玛公司利用"雇佣预测回归"方法提升了人力资源规划水平。他们自称现在能够知道某个应聘者在其岗位上能够工作多长时间，能够知道这项预测有多么精确。例如，某个应聘者的供职期限是 30 个月，回归方程还会单独报告应聘者供职不会超过 15 个月的概率是多少。沃尔玛还发现，用"不墨守成规的人在每家公司都有生存空间吗"这样一个问题对应聘者进行测试，对其做出肯定性回答的人比对此做出否定性回答的人，供职期限要少 2.8 个月。

有了这种提前性预测，人力资源规划就可以做到提前进行，而不是被动应付。

对我国人才资源需求进行宏观预测规划，显然是一项意义更加重大的事情。学者的观点是目前预测方法科学化水平不高，必须建立需求预测的长效机制，明确预测主体，建立人才需求的预测体系框架。显然，大数据能够在这个领域大显身手，这也是人才资源管理发展的必然趋势。

二、基于大数据的人力资源招聘

（一）人力资源招聘的含义与方法

招聘指通过各种渠道和手段，将具备相应工作能力的人招到企业的空缺岗位上。候选人可以从企业内部选拔，也可以是外部人员。招聘的主要方式是在媒体和平台发布招聘信息，如内部招聘的布告和外部招聘的网站广告。招聘广告会详细介绍岗位的职责和应聘者需要具备的资质。一旦申请人和招聘者之间达成协议，就意味着招聘过程的结束。

招聘是人力资源管理中一项重要的工作，招聘与其他人力资源管理职能紧密相关。简而言之，招聘的计划是基于人力资源规划，确定招聘人数、类型和岗位要求。职位分析不仅确定了对专业人员的需求，而且为招聘人员提供了可以描述的职位。此外，岗位所能提供的报酬和福利也决定了招聘的难易程度。

总之，招聘是补充员工的主要方法，是企业增加新鲜血液、兴旺发达的标志之一，它对企业的人力资源管理具有重要的源头意义。

1. 招聘工作在企业人力资源管理中占有首要地位

（1）输入的质量决定输出的质量

企业的发展离不开高质量的人力资源，企业在发展的过程中需要不同类型、不同质量的人才，因为公司在其发展的每个阶段都需要不同类型、素质和数量的人才。只有有效的招聘才能满足企业的人力资源需要和业务发展需要，招聘的新员工的质量直接影响企业的经营。这是人力资源管理的第一步。

（2）招聘的结果影响企业日后发展

招聘工作的结果就是企业招到了合适的员工，员工的质量对企业的发展具有至关重要的影响。现代社会竞争的关键是人才的竞争，只有拥有高素质的人才，公司才能蓬勃发展，才能在竞争中立于不败之地。

（3）招聘是一项树立企业形象的对外公关活动

招聘时，企业可以利用电视、公众号、网站等媒体开展招聘活动，不但可以使企业招到所需的人才，还可以在一定程度上起到宣传企业、树立企业良好形象的作用。

（4）企业应该尽可能地确保人员稳定

人员流动性大，对企业的发展十分不利。因此，人员稳定性是招聘环节需要考虑的问题，高质量的招聘工作能够帮助企业招到合格且稳定的员工，确保公司的正常运转。

2.人力资源招聘工作的实施程序

一般来说，招聘过程从企业岗位出现空缺开始，终止于员工正式入职。这个过程主要包括：职位空缺的确定、选择招聘渠道、筛选候选人、候选人测试、达成招聘约定、员工正式入职。不同公司的招聘流程并不相同，但是大部分公司的招聘流程如图2-2-1所示。

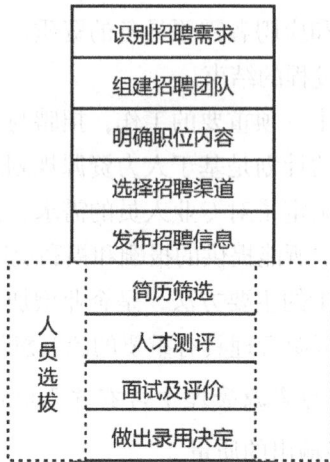

图 2-2-1 常规招聘流程

（1）识别招聘需求

招聘工作通常从招聘需求的出现开始。招聘要求一般由人事部门确定。通常在一段时间内，公司会根据业务发展情况确定人员预算，招聘需求通常在人员预算的控制下。但是，实际的工作需求和业务变化会导致人员需求的某些变化。随着需求的变化，人力资源部门通常不得不基于对实际情况的分析来做出决策。

（2）明确职位内容

招聘需求确定后，需要用人部门和人力资源部门共同确定所聘职位的工作职责和任职要求，这样才能保证招聘工作更具有针对性。

（3）选择招聘渠道

人力资源部门应根据职位空缺的数量和填补空缺的截止日期，选择最有效和最具成本效益的招聘渠道。招聘渠道通常包括外部招聘和内部招聘。外部招聘主要包括在招聘网站上刊登广告、参加招聘会、聘用招聘人员或猎头公司、校园招聘等；内部招聘在公司内部进行，内部员工会推荐候选人或自我推荐。

当然，诸如员工发展或工作轮换之类的方法也可以用于填补空缺职位。

（4）人员的选拔与评价

通常，候选人的数量多于要招聘的人员数量。因此，需要考查这些候选人，以便为合适的岗位选择最佳候选人。选择和评估人员的方法有很多，包括审查简历、面谈、能力和性格测验、情况评估、知识和能力测验等。

（5）人员的录用

选择并评估后，符合工作要求的候选人必须确定与企业的雇佣关系，包括薪水、职位和入职时间等。另外，员工通常要进行入职体检，如果申请人的所有方面都符合招聘要求，则可以安排正式入职。

3. 人力资源招聘渠道的选择

公司可以选择的招聘渠道主要包括内部和外部招聘渠道。

（1）组织内部招聘

内部招聘渠道策略指用于在组织内选择合适的员工以填补组织中的职位空缺的渠道策略。选择内部招聘渠道策略的最大好处是管理人员了解员工，员工对组织很熟悉。这样可以提高招聘效率，降低成本，降低风险并提高员工积极性。内部招聘渠道策略主要包括内部公开招聘、工作调换、工作轮换、员工推荐和再就业。

（2）组织外部招聘

如果企业必须雇用大量人员并且对人员的质量和技能要求很高，则用组织的内部招聘渠道招聘是远远不够的，尤其是当企业处于起步阶段或快速发展阶段，或者是某些重要岗位空缺时，就不能只依靠内部渠道招聘。这时候必须通过外部招聘渠道招到合适的和足够的人员。外部招聘渠道策略主要包括媒体广告招聘、招聘会、人才中介、校园招聘等。

组织外部招聘的优点：人员选择范围广泛；有利于带来新思想和新方法；大大节省了培训费用。组织外部招聘的缺点：选错人的风险比较大；需要更长的培训和适应时间；内部员工可能感到自己被忽视；可能费时费力。

实践证明，在招聘方面，内部招聘和外部招聘缺一不可。招聘渠道的选择取决于组织策略、职位类别和组织在劳动力市场中的相对地位等因素。对于招聘组织的中高级管理人员，内部和外部招聘都是可行的办法，没有优劣之分。通常，需要维持相对稳定的组织的中层管理人员可能需要在组织内部选拔，而高管人员可以在需要引入新风格和新竞争时引入合适的外部人员。

（二）人力资源招聘的问题与短板

要做好招聘工作，首先，必须避免观念上的错误。例如，没有必要将人员流动看成不稳定。实际上，正是人才的流动使人力资源分配变得越来越合理。我们关注的重点是正确分析人员流动的原因并确定其中的精英。其次，将候选人与评估标准进行比较，而不是在候选人之间进行比较。选拔人员必须事先确定评估标准，并将候选人与这些标准进行比较。一些招聘人员经常比较候选人，并在许多候选人中选择最好的候选人。事实上，多个候选人中最好的一个可能不符合职位要求。

根据人力资源招聘工作中的共性问题以及现实运作过程中的实际情况，归纳出常见问题如下。

1. 表里不一的遗憾

招聘人员通常通过面试并根据候选人过去和当前的表现来推断他们的未来表现。这些信息主要来自应聘者的简历以及他们在面试中所说的话。因此，企业经常认为应聘者的未来表现在实际工作中会和面试时一样好。但是，实际情况有时并非如此，甚至会有很大的反差。在此过程中，招聘人员面临以下问题：第一，应聘者的简历经常刻意突出某些内容，有些甚至具有夸张或虚构的成分；第二，应聘者在面试过程中故意掩盖自己的缺点，或刻意迎合招聘人员的需求或期望；第三，招聘人员很难在短时间内真正了解候选人。根据简历和面试表现的表面现象来识别申请人是否具备足够的资质是远远不够的，因此，招聘人员需要使用更有效的面试方法，并尝试避免不一致的地方。

在面试候选人时，许多人盲目地希望选择最佳人选，这是一个误区。招聘的关键不在于找到最好的，而是要找到最合适的。许多申请人为了迎合招聘者的需求，常常对自己的能力和经历夸大其词。而且，假如候选人的能力远远高于岗位的需求，也会造成人员的不稳定性。

应该清楚的是，任何评估方法都是针对特定目的而设计的，这些方法对某些内容进行评估是有效的，而对其他内容则无效。因此，在选择评估方法时，务必选择最合适的评估方法。例如，我们想知道一个人在工作中如何与人相处并与他人一起工作。如果我们要求他谈论如何与他人合作，那么我们获取的信息是有限的，此时，我们可以给候选人一个特定的任务，请他解决小组中的一个问题，以便他的行为能够充分表现出与他人的合作。如果我们想知道一个人使用计算机软件的程度，我们也可以让其解决计算机方面的问题。

2. 光环效应的怪圈

面试中的另一个严重问题就是无法避免光环效应。在一些面试中，应试者的命运在最初的一分钟里就被决定了。主考官的个人倾向、好恶等与工作无关的因素对面试结果有很大的影响，常见的表现有考官偏好、先入为主、以点概面等。

（1）考官偏好

面试官的偏好是难免的。例如，面试官非常重视学历，并重视高素质的候选人。这样一来，那些学历较低的人在面试开始之前就已经失去了一分。通常，当考官具有市场营销背景时，会对候选人的口才更加关注，而忽略了招聘职位的特征和需求。

（2）先入为主

所谓偏见是指考官在面试开始时对候选人的印象相对坚定，这种印象很难在短时间内改变。例如，考官对候选人的第一印象是诚实和友好，如果发现候选人的第一个谎言（如果被发现），则会认为其是无意的或过于紧张。如果考官对候选人的第一印象是平稳，那么候选人的第一个谎言则会被认为是由习惯或意图决定的，这是不可原谅的。

（3）以点概面

考官通常会根据申请人的某些突出优点过早做出总体判断。例如，如果候选人在开发项目方面具有出色的软件开发技能，则考官可能认为他们是该项目负责人的合适人选。实际上，成为项目经理更重要的是要具有团队协调和开发管理能力，而不仅仅是软件开发技能。

这样的光环效应不但会严重影响面试效果，而且会影响公司在应聘者中的形象。

3. 被动面试

（1）对面试的目的不甚明了

在进行面试之前，招聘人员必须明确面试的目的。在面试期间是否向候选人介绍公司，是否允许候选人提出问题，其他面试审查者会问什么问题等，都是在面试之前要考虑的非常重要的问题。

（2）对合格者应具备的条件界定不清

许多面试官专注于提出问题，这将使他们对候选人是否可以成功有所了解。然而，在许多情况下，面试官尚不清楚什么能使面试成功。对于任何工作，合格者都需要具备胜任该工作的性格和能力。能力是指成功工作所需的相关知识、技能和驱动力。

（3）面试缺少整体结构

在面试中，许多面试官不愿意在选择合适的候选人之前收集合适的信息。面试缺少整体结构会浪费大量时间，正确的方法是根据工作所需的技能（包括所问的问题和分类的类型）事先设计面试草案。

（4）缺少应有的准备

一些面试官由于工作太忙或其他原因，对面试准备不足。在面试前几分钟才简单查看申请人的简历和申请表，导致面试效果不佳。正确的方法是在面试之前花一些时间来审查工作要求，阅读申请人的简历和申请表，并为面试问题做准备。这些都是成功进行面试的必要准备工作。

4. 缺乏记录

面试需要详细记录面试过程。但是，在许多面试中，面试官只会在申请人的申请表上写下总体印象，甚至干脆不写任何文字，只在脑海中建立一个印象。这种方法在进行少量面试时还是可行的，但是在面试同一组职位上的大量人员时，造成的结果是只对第一个或最后一个面试者有印象。根据考官头脑中模糊的印象和一些简单的一般性意见对候选人进行分类，然后决定是否录用，显然是不公平的。

（三）大数据改进人力资源招聘

大数据可以帮助公司建立有效的人力资源数据库，并改进现有或预期的人力资源数据的管理。但是，相对于当前的公司惯例，此目标尚未得到很好的实现。个人数据太少，大部分是针对公司内部输入的结构化数据。它们主要起到存储信息和支持特定任务的作用。它们无法满足未来的开发需求，并且提取的数据没有应用价值。社交网络上有大量数据，对企业非常有用。

如果公司更加关注社交网络上的信息，则可以帮助公司根据公司的发展战略及时找到目标受众，并找到与公司职位相匹配的合适人才。对于求职者，他们也可以获得展示自己才能的平台，并找到最适合他们实现自我价值的职位。这表明，无论对于公司还是求职者，基于大数据的人力资源招聘都具有巨大的价值。

1. 大数据人力资源招聘的新内涵

在大数据背景下，人力资源招聘有什么新的内涵呢？

基于大数据的招聘，正在不断地融合社交网络，借助社交基因弥补传统网络招聘的不足，能够使雇主与应聘者之间进行深度交流，既能节约成本，又能提高效率。

大数据背景下的招聘，是在分析大量数据的基础上，通过提取和分析有价值的数据，做出招聘方向、策略选择，实行目标定位的。商业意识超前的企业，可以把招聘系统当成一种商品在互联网上以租赁的模式为客户提供服务，从而创造价值。

大数据人力资源招聘能够消除传统人力资源招聘方法单一、信息不足、认知片面的弊端，为客户和组织提供求职和招聘的平台。这样的平台能够将线上、线下各种网络渠道整合在一起，实现信息共享。

（1）整合招聘信息渠道

大数据人力资源招聘管理系统可以整合各种渠道发布的招聘信息，提高信息搜索的有效性，实现招聘流程的标准化和规范化，整合零散的招聘渠道信息，改善人力资源部门与企业之间的合作，公司业务部门的整体招聘效率会得到很大的提高。

（2）降低招聘成本

招聘管理系统可以帮助公司削减不必要的成本，因为招聘系统可以在很大程度上实现招聘资源共享。招聘数据的系统化降低了传统招聘各个方面的工作成本。

（3）提高招聘质量

大数据方法能够分析每个岗位的胜任特征，筛选与岗位需求较吻合的求职者，将人才素质进行量化模型匹配，通过数据计算得出较为科学的得分模型，帮助寻找高度匹配的目标人群。这就有助于提高招聘质量和效率。

（4）实现招聘效果量化管理

从选择招聘条件到制订招聘计划，选择招聘方法和设定招聘目标的大数据招聘可以使用大数据来提出可量化的计划，分析趋势并帮助管理层做出决策。招聘效果的量化管理可以为其他人力资源管理模块提供指导和参考，以更加系统和全面的方式改善公司的人力资源管理。例如，通过招聘效率来分析渠道的有效性。当前，招聘渠道变得越来越多样化和分散，有必要创建一个可以整合所有渠道的平台。基于大数据的招聘可以帮助公司更大规模地定位和审查人才，预测他们的求职意图，在加入后进行科学培养并保留人才，同时及时发现人力资源管理问题。

2. 大数据人力资源招聘的新措施

（1）运用网络技术，提取招聘目标

现代网络技术的应用，能够节约时间，节约成本，不受时间、空间限制地发布信息，并可以通过"网络可视招聘"系统，实现组织与求职者面对面的双向交流和选择，从而提高个人求职与组织求才的效率。

（2）通过社交网站，达成"传递"效应

当需要招聘员工时，传统的做法是张贴招聘信息，等待招聘会上有人投递简历，这无疑会影响招聘进度。现在，可以利用论坛、微博、朋友圈等社交网络平台，随时随地发布招聘信息，不仅能在与自己相关的圈子内网罗人才，还能通过转载、评论等方式将招聘信息快速传递出去，形成"传递"效应，同时达到树立公司形象的目的。

（3）系统加人工，建立筛选"双保险"

简历的筛选无疑是完成招聘的重要部分。手动查看数千份简历，会影响招聘效率和招聘人员的工作状态。在网络环境中，招聘人员可以实时和现场查看求职者的简历，只要在系统中设置必要的条件并进行手动双重筛选，工作效率就可以提高。

3. 大数据在人力资源招聘中的应用

（1）在人才搜索工作中的应用

传统的招聘通常如下进行：第一，人才需求部门向经理报告。第二，在公司门户网站上发布招聘信息。当申请人找到信息并引起他们的兴趣时，他们会发送简历以表明其申请意愿。第三，公司的人力资源部门选择应聘者的简历，并与应聘者进行面谈，直到找到合适的人才。除了教育程度、性别、职业和其他硬性指标外，访调员的经验在甄选过程中也起着重要作用。但是，现实表明，这通常是有偏差的。大数据方法现在可以很好地解决这一问题。大数据提供了更全面的招聘平台。招聘人员可以分析在社交网络上收集的简历和求职信息，从而找到有关应聘者的更多信息，包括个人视频图像、生活情况、社交关系、特殊技能等，候选人的形象变得更加生动，这无疑会帮助组织实现准确的匹配。

（2）在数据处理中的应用

人才评价在当前人力资源管理技术中已经越来越受到重视。目前，评价过程较多采取专家评估的形式，采用综合评价的方法，但这些方法都是很主观的。鉴于此，研究人员研究了多种利用大数据让数据说话的方法。发达国家在这方面应用较多，发展中国家应用较少。但是，利用大数据分析确实可以有效地处理大量的数据，满足用户需求。

（3）在数据挖掘中的应用

数据挖掘技术是一个强有力的工具，它能够帮助企业找出合适的规则来指导工作。例如，数据挖掘中的分类技术，通过分析企业现有员工与应聘者的关系，能对招聘工作起到指导作用。可以在数据库中随机选出测试样本，对数据进行预处理，构建出人才招聘的数据模型。人才测评是招聘工作的重要环节之一，但目前企业的人才测评算法还不够成熟。利用大数据可以解决人才测评中的一些问题，改进以前算法中不成熟的地方，从而为人才选拔提供更好的工具。

三、基于大数据的人力资源使用

（一）人力资源使用的界定

人力资源使用，是在经济学与人本思想的指导下，通过合理有效的人力资源规划，在人员录用、人员激励、人员考核方面对组织人力资源进行有效运用，满足组织当前及未来发展的需要，保证组织目标实现与员工发展最大化的活动。

人力资源使用，贯穿企业人力发展的全过程。

人力资源使用，既要考虑组织目标的实现，又要考虑员工个人的发展，强调在实现组织目标的同时实现个人的全面发展。

人力资源使用的原则是把合适的人配置到适当的工作岗位上，引导新雇员进入组织，适应环境，才得其位，才得其用。

1. 人力资源使用的前提是"人得其位"

科学合理地选拔员工进入企业，是企业得以发展的基础。这是显而易见的道理。举一个很简单的例子，一个化工集团招聘过多学文科的员工，这个企业必然要走下坡路。虽然说这些人可以通过培训来使自己的知识结构得以改善，但是，能不能适应企业业务发展，还是一个未知数，专业不对口必然影响其才能的发挥。因此，无论是从招聘人才的企业的角度来说，还是从一个应聘者的角度来说，选择专业对口的员工或企业是尤为重要的。同时，对企业而言，选择那些道德水平高、业务素质好的员工作为新鲜血液，对企业的未来发展是意义重大的。

有效利用企业人力资源，以最少的人力成本创造最大的经济价值，是当代企业竞争获胜的重要法宝。科学有效地配置人力资源，使之不浪费不闲置、高效运作，并建成一支高素质的人才队伍，是企业发展壮大的根本保障。人力资源优化配置的根本目的是更好地运用"人力"。人力资源的科学有效配置就是要合理而充分地利用员工的体力、智力、知识力、创造力和技能等，通过一定的途径，创造良好的环境，使其与物质资源有效结合，以产生最大的社会效益和经济效益。这不仅是一个人力资源管理学的问题，同时是一个社会经济学的问题。

人力资源的资源性决定了这种对象的可开发性。人力资源开发是针对人体所蕴含的各种能力及潜能而言的，而人的自主意识又对自身潜能的发挥起着重要作用。人力资源配置的优化就是通过一系列举措，使管理对象的所有能力包括潜能，得到充分发挥，为社会经济发展所用，变成一种现实社会生产力。人力资源虽然是包含在人体内的一种生产能力，但如果人力资源配置不当，也难以使这种能力发挥出来。

如果组织通过科学评价，使一个人获得了合适的工作岗位，那么，下一步很重要的一件事就是建立与他的信任关系，从而使之对组织产生强烈的"归属感"，使员工发自内心地愿意长期为组织创造价值。员工归属感，指的是员工对所在组织的认同、奉献和忠诚态度。员工归属感的建立，是其在组织中"主人翁"角色获得的标志。专家指出，归属感是组织价值的内在化，它能够生成内在驱动，是道德性的和自觉性的。员工归属感可以使员工产生大量的有利于组织的行为，工作热情积极，主动尽责，甘愿奉献与牺牲，不计报酬。培养员工的高度组织归属感，是明智的用人者的根本性任务。

2. 所谓会用人，就是会激励人

（1）激励的含义

"激励"一词源自英文单词 motivation，本义是一个有机体在追求某种既定目标时的意愿程度。它有激发动机、鼓励行为、形成动力的含义，就是人们常说的调动积极性。

对人的激励过程就是满足其需求的过程，它以未能得到满足的需求开始，以需求得到满足而告终（即消除了紧张）。在激励过程中起作用的关键因素有个人的需要、个人的努力和组织目标。

（2）激励的划分

激励类型的选择是做好激励工作的一个前提条件。激励有多种类型，可以从不同角度进行划分：

从动机内容的角度来看，它可以分为两种类型：物质激励和精神激励。物质激励是满足人们的物质需求和调整物质利益，以刺激人们向上的动力并控制他们的行为，主要的激励措施是加薪和发放奖金。精神激励在于满足人们的精神需求，对人们的心理产生必要的影响，从而创造动力并影响人们的行为。

从刺激方向的角度来看，激励可以分为两种：正激励和负激励。正激励是指某人的行为符合组织的需求，组织通过奖励鼓励该行为以达到维持该行为的目的。负激励是当一个人的行为不能满足组织的需要时，组织通过制裁来压制该行为以达到消除该行为的目的。

从激励作用于对象的角度来看，激励可以分为两类：内部激励和外部激励。内部激励来自员工对工作本身的满意程度和任务的完成程度。工作设计（使员工对工作感兴趣）以及灵感和介绍（使员工对工作的意义和目的敏感）激发了员工的主动精神，因此员工的工作热情是在有意识的基础上建立的，有助于发挥内在潜力。外部激励措施是利用环境条件来限制人们的动力，加强或削弱相关行为，从而增加工作意愿。它通常以行为守则或为工作活动支付合理的报酬以及完成限制或鼓励某些行为发生的任务的形式出现。

3. 人力资源激励的有关理论

半个世纪以来，管理学家、心理学家和社会学家从不同的角度研究了应当怎样激励人的问题，提出了许多激励理论。这些理论基本上可以分为内容型、过程型、行为改造型、综合激励型四类。下面简单介绍一下前三类。

（1）内容型激励理论

内容型激励理论侧重研究激发动机的因素。由于这类理论都围绕着如何满足需要进行研究，因此也称为需要理论。它主要包括马斯洛的"需求层次论"、赫茨伯格的"双因素理论"和麦克利兰的"成就需要激励理论"等。

（2）过程型激励理论

过程型激励理论着重研究从动机的产生到采取具体行为的心理过程。这类理论都试图弄清人们对付出劳动、功效要求、薪酬奖励价值的认识，以达到激励的目的。它主要包括维克托·弗隆姆的"期望理论"、亚当斯的"公平理论"和洛克的"目标设置理论"等。

其中期望理论是指个体动机行为的活动过程为"个人努力＋个人成绩＋组织报酬＋个人目标"。该理论的核心是"期望值"。一个人的积极性被调动的程度取决于各种目标的价值和期望概率的乘积。用公式表示为：

激励力量＝目标价值 × 期望值

该理论表明，目标的价值越大，实现的可能性就越大，动机就越大。期望值的大小取决于两个因素：目标的价值和实现目标的能力。因此，人力资源的使用和管理应处理好努力与绩效之间的关系，绩效与薪酬之间的关系以及薪酬与满足个人需求之间的关系。

公平理论是指个人将自己的"投入－报酬"关系与他人进行比较以获得某

种感觉，而这种感觉的反馈将影响下一次努力。公平理论对管理实践具有非常重要的价值。首先，公平理论强调组织公平对待员工的重要性，管理人员应让员工感到自己受到公平对待。其次，公平理论还表明，以人为本的管理不仅要考虑组织中每个人的个人情况，还要考虑组织内部和外部的人的比较对引起行为的"社会比较"的影响。

（3）行为改造型激励理论

行为改造型激励理论，着眼于行为的结果，认为当行为的结果有利于个人时，行为会重复出现，反之行为则会削弱和消退。这类理论以斯金纳的操作性条件反射为基础，侧重研究对被管理者行为的改造修正。它主要包括"强化论""归因论""力场论"和"挫折理论"等。

（二）人力资源使用的宗旨与原则

人力资源使用的宗旨在于能够最大限度地实现人尽其才，才尽其用，组织能够更加充分地发挥人的体能、智能、知识力、创造力，促使人力资源与物力资源实现完美结合，以产生最大的社会效益和经济效益。

1.合理使用原则

人力资源的合理使用，即指人力资源得到充分开发和运用，以达到人力资源供需的大体平衡，从而实现企业效益的最大化。

人员的能力和岗位相匹配，有利于人尽其才，才尽其用。为了实现人力资源的合理使用，组织应该避免一些不良现象，如人浮于事、用非其人、机构臃肿、收益下降等。

2.良性结构原则

人力资源的良性结构包括组织内所使用的人力资源的数量、质量、构成、效能等问题。配置得当，则"以一当十"；配置不当，则"十不抵一"。良性的人力资源结构不是随意即可形成的，需要开动脑筋加以谋划。

例如，组织的人才结构与组织战略紧密相关。组织战略转变，必然会引起组织的人才结构的相应变化，否则不能实现组织的既定目标。良性的人力资源结构必然是既精简又高效的，唯有如此，才能提高人力资源的投入产出率。

3.效益提升原则

提高人力资源的使用效益，就是争取"高效劳动"，减少"低效劳动"，避免"无效劳动"。"高效劳动"既是组织需要的理想状态，也是实现人员潜能有效开发，使人力资源的价值得到充分实现的正确途径。

提高人力资源使用效益的方法有很多，例如，重视采用先进的科学技术，倡导技术革新、技术进步；重视发挥群众智慧，采纳合理化建议；实行对外开放政策，吸纳组织外部的先进经验等。

（三）人力资源使用中的问题

由于历史包袱和计划经济制度等因素，我国一些企业的管理理念和管理方式较为落后，在对人力资源的使用上存在不少问题。

1. 缺少长远规划，人才配置不当

任何成功企业的核心问题都离不开制订企业发展的长远战略规划，其中包括人力资源战略规划。美国的微软，日本的索尼、松下以及德国的奔驰、大众等世界知名企业都是如此，由于有了战略规划，所以能够胸怀全局，对人力资源进行科学规划与部署，做到面对风浪，应对自如。

现今我国的不少企业，包括国有企业与民营企业均缺乏系统的人力资源发展战略规划，致使要么人浮于事、效率低下，要么出现人才断层，落入人才危机的陷阱。一些民营企业家只相信自己的管理经验，缺乏现代人才观念，对引进的人才也心存戒备，不敢放手，怕他们跳槽走人，在人才使用上，多是自己一人说了算，没有建立起引才、用才科学机制，极易导致用人失误。

职工的能力与岗位不匹配，是因为缺少科学的人才测评手段。招聘人员没有做工作分析，致使工作岗位职责、工作任务及岗位对职工的要求不明确。一个普遍存在的问题是，往往在招聘阶段就很难达到"人岗匹配"。人才招进来之后，企业又忽视对其进行培训，使得问题很难解决。

2. 分配机制不透明，员工利益受损

许多组织在分配员工福利方面不够开放、公平和公正。尽管一些公司已建立了一系列吸引人才的薪酬福利体系，但是缺乏科学、适当的绩效评估体系和支持性措施，或者薪酬福利体系本身存在不足，无法留住人才，这使得该系统仅仅是形式上的，在科学利用人力资源中没有发挥作用。为了防止员工流失，一些私营公司故意拖欠工资，这损害了员工的利益。

3. 育人机制不理想，职业发展受阻

尽管许多私营公司认识到了人才的重要性，但他们对人才发展没有信心，人才最终"跳槽"到其他公司，甚至成为竞争对手。因此，许多公司不再愿意培养人才，放弃这种"为他人做嫁衣"的行为。这样，对于员工来说，未来的

发展方式还不清楚，员工与管理者之间的合同关系也没有规范，更没有相应的法律来约束员工的随机流动。

4.文化建设滞后，组织凝聚力不强

当一些私人公司的老板谈论"建设企业文化"时，他们似乎在说他们的公司如何重视文化建设工作并增加了投资，认为只要有一个配备一些设备的员工活动中心就足够了。为了拥有自己的企业文化，这个概念是落后的。公司应积极指导员工创造价值，确定经营理念、系统结构和目标准则，有必要保持企业轴心文化并争取广泛认可。只有目标相同时，人才和企业才会有共同的语言，组织凝聚力才会不断增强。

（四）大数据改进人力资源使用

大数据时代下人力资源管理模式的创新，有赖于管理者观念的更新，只有管理者的观念和态度变化了，管理者的行动才能变化，从而促成管理模式创新的最终实现。然而，由于思维上的惯性，一些人力资源管理者仍然沿用传统的人力资源管理观念、方法开展工作，忽视了当前大数据时代的新格局。

利用大数据升级改造传统人力资源使用方法，就是顺应时代潮流，紧跟时代步伐，也是当今"互联网+"对人力资源领域的要求。

将"大数据思维"融入人力资源使用的各个环节，必将提高人力资源使用的效率和增加企业的价值。

1.采取大数据思维，利用大数据决策

人力资源管理使用大数据思维，基于大数据的理论分析，转变传统人力资源管理思维方式。维克托·迈尔-舍恩伯格指出：大数据颠覆了千百年来人类的思维惯例，对人类的认知和与世界交流的方式提出了全新的挑战。"大数据思维"变革主要包括：

①人力资源使用者首先应具备大数据思维。不仅需要战略上具备对使用对象的洞察力和前瞻性，还需具备拨雾见日的本领，具备更高的敏感性、专注力和创新思维的能力。同时，还要注重培训员工的大数据思维方式。

②将人力资源大数据视为组织发展中的核心生产要素。人力资源部门作为组织中的重要职能部门，每天需要接触和处理的信息量不断增加，数据种类也日益多样化，如员工基本信息、工作绩效、受训情况、人工成本、人力资本投资回报率、员工满意度、员工敬业度、核心员工流失率等。此外，组织外部可以获取的相关人力资源信息数量相当大，按大数据思维要求，需要把如此丰富的人力资源均视为组织资产加以利用。

③用人决策模式的转变。人力资源使用者需要将依据"经验＋感觉"式的用人决策，转变为依据"事实＋数据"的用人决策。没有数据依据，只是凭借道听途说与主观经验的决策都是不可取的。

2. 优化组织数据库，进行大数据"人岗适配"分析

社交网络是目前拥有大数据的最大主体。组织可以借助社交网络的大数据获取应聘者的各类信息，包括工作信息、生活状况、社会关系、能力情况等都可以被人力资源部门所掌握和了解，从而形成关于职工的立体信息，实现精准的"人岗匹配"。

"人岗匹配"的本质要求是进岗者与岗位胜任力的匹配。也就是说匹配度越高，适才适用的概率就越高。在传统的人力资源管理过程中，是否做到人岗匹配大多是非常模糊的。这是因为那时的"人岗匹配"是基于上级主管的主观感觉、个人经验与判断的。但在大数据时代，人力资源部门可以搭建一个可靠性较高的人岗匹配平台。在这个匹配平台的前台，是对目标岗位的系统描述以及候选者应该具备的各项胜任能力的素质要求。匹配平台的后台，是候选者的各项能力素质指标按照目标岗位的胜任力维度进行分解展现，进而可以直观地观察候选者的胜任力与目标岗位的胜任力的匹配情况，这样可以极大地提高选拔的精度与效率。

3. 适应大数据的开放要求，建立人才管理体系

大数据潮流要求企业人力资源经理满足大数据的开放性要求，具备开放的胸怀和态度，并以积极的方式将信息技术与人力资源管理相结合。人力资源管理致力于鼓励员工在大数据平台上学习和交流，以便不断丰富公司的大数据数据并将其用于员工雇用、培训、绩效考核、薪酬管理和其他工作。

建立基于大数据的企业人力资源管理体系，从宏观层面上说，是对企业发展进行指导性把控；从微观层面上说，又是对组织内部的科学管理。要采取信息化、智能化的管理方式，以人为本，为员工价值的实现提供合适的平台，实现员工和组织的共同发展。

4. 以大数据为基础，实行人员有效激励

"针对性＋多元化"的有效激励，不仅是对员工过去业绩的肯定，可以使其获得成就感，而且对员工未来工作积极性的提高具有重大意义。

随着人力资源管理系统的不断发展，薪酬激励的手段不断增多，体系日趋完善。在大数据时代，要以数据为基础，用事实说话，才能做到客观公正，保证人才队伍的稳定。

在对行业和基本行业数据有透彻了解的情况下，对为公司工作了很长时间的员工必须通过广泛的数据分析来增加主要激励措施并设置特定的配额。必须为那些通过能力数据和潜在数据筛选出来的出类拔萃的员工创造多样化的激励机制。根据马斯洛的需求层次理论，所有人都希望组织的高级管理人员或关键员工能够取得职业上的成功并提高职位。他们对声望和权威的需求比物质利益要强。因此，公司可以制订适当的培训计划和晋升计划。

5. 利用社会徽章，提升人力使用水平

21 世纪之初，美国麻省理工学院人类行为动力学组的研究人员将多个传感器组合成一个装置，能够同时检测不同的信号。这个装置叫"社会传感器"，从外表看，是一个灰色的盒子，里面装有一个红外线收发器、一个麦克风和两个加速传感器。它的功能是能够了解人类多方面的行为。研究人员把它带到"5分钟相亲"节目，因为它能够记录下互动男女的大量社交信号。社交信号是指男女在相亲聊天时下意识传递给对方的信号，例如，声调的轻微变化、眉毛上扬或者突然插话。通过复杂的计算，能够预测出这一对男女是否合得来，而且无须知道他们的谈话内容。事实证明，这个装置对相亲结果预测的准确率达到 85%。

进入大数据时代后，这个社会传感器从不便佩戴的小盒子演变成一个小小的"超级徽章"，就像北大校徽一样。用这样一个徽章，记录 5 分钟的数据，就可以观察出员工的言行举止，找到提升工作效率的途径。同时，这个徽章还会暴露其他个人信息，如所处位置、谈话对象、上班上厕所的时间、与其他部门人员交谈了多久等。但是，组织对这个徽章的使用与否，尚存争论。使用徽章有利的一面是可以充分了解员工，合理安排员工的工作；不利的一面是可能侵犯员工隐私，有违法律。这个徽章还可以预测员工的状况，包括是否抑郁、是否可能要离职、与内部哪些人合得来等。显然，对人力资源合理使用者来讲，这无疑是一个有用的利器。这个社会徽章还有一个作用，就是它不仅能够了解员工的个人表现，而且能够了解这个人参与团队合作的情况，它是通过成员间的沟通数据发现的。众所周知，管理者或领导用人的目的是完成既定的任务，因此人员间的相互理解与配合就显得格外重要。为了有效地完成任务，领导者需要事先配置人员，优化结构，极为有利的是，领导者能够利用"社会传感器"创造出"团队指纹"，也就是什么样的任务应该由什么样的人组合完成。专家称，利用感应数据，会让团队指纹成为机构成功的主要推动力；根据团队在不同时期的需要，通过搜集数据，人力大数据分析系统可以给出合理化建议，调整"探索"与"执行"两者间的平衡，并对工作环境进行相应调整。

四、基于大数据的人力资源考核

人力资源评估是人力资源管理的核心问题。这是一种管理行为，必须执行以确保和促进组织内部管理机制的正常运行并实现管理目标。美国组织行为学者约翰·埃文斯维尔认为，人力资源评估可以实现以下目标：评估员工晋升、降级、调动和辞职；评估员工的绩效；评估员工和团队对组织的贡献；为员工的薪酬决策提供依据；了解员工和团队对培训和进修的需求；提供有关工作计划、预算评估和人员规划的信息。

员工工作的好坏、绩效的高低直接影响组织的整体效益和效率，因此，人力资源绩效考核与管理是企业人力资源部门的一项重要任务。

随着大数据时代的来临，管理信息化加快了脚步。然而，面对繁杂、庞大的数据海洋时，如何做到科学有效，是一个值得重视的问题。

（一）人力资源考核的含义、内容和作用

1.人力资源考核的含义

人力资源评估或绩效考核是一个系统的项目。人力资源考核的定义：组织用某些标准和指标来评估既定战略目标下员工过去的工作行为和工作绩效，并用评估结果来评估员工未来的工作行为和工作绩效。明确这个概念可以帮助阐明绩效评估的目的和重点。当组织制定战略目标时，必须将目标逐步分解到不同的部门，以便更好地实现此目标，这意味着每个人都有任务。绩效评估是对组织员工实现其目标的记录、评估和改进。

人力资源评估是组织发展中必不可少的管理职能，对公司具有重要的实践意义。第一，人力资源评估是衡量员工是否称职的重要管理工具。它可以识别意识形态、意识和技能与标准不符的员工，以便为事前检查做准备。第二，人力资源评估能够有效地寻找人才，选择热情且能干的人，并将他们组成重要的工作团队。第三，将绩效考核结果用于对员工实施正确的奖惩措施，具有激励作用。

2.人力资源考核的内容

人力资源考核包括业绩考核和行为考核两大部分。业绩考核主要考核员工在组织业务上的绩效；行为考核主要考核员工的行为是否规范，是否符合组织文化和规章制度。绩效考核的内容在国内外有所不同。绩效管理与绩效考核不同，它不仅包括考核环节，而且从管理角度提升了考核的层次。

目前，国内具有一定代表性的专家认为，绩效管理是一系列以员工为中心

的干预活动。它包括四个环节，分别是目标设计、过程指导、考核反馈和激励发展。

（1）目标设计

目标设计不仅包括结果的目标设计，如数量、质量、成本、时间等，它还包括行为的目标设计，这主要与员工在工作中的态度、努力程度和行为能力等能力特征有关。目标设计主要针对特定任务，但也考虑了公司的发展目标和部门目标，因此可以建立紧密的关系。

（2）过程指导

在评估之前，过程管理强调特定的动机，反馈经理对员工的指导。这充分体现了绩效管理以人为本、注重员工的发展进步。在激励阶段，重点是非正式激励的方式和方法。在反馈阶段要强调的是，不仅要考虑正反馈方法，而且要考虑负反馈方法。在最后的咨询阶段，经理应及时纠正、示范和培训员工的行为，并提供建议，以避免混淆。

（3）考核反馈

考核涉及结果和行为两个方面。结果考核比较容易操作，企业应重点关注行为评价的方法，特别是实际管理中较难掌握的 360° 反馈评价方法。

（4）激励发展

它是将绩效考核的结果应用于职工发展的关键环节，包括奖惩与升降，以及制订培训发展计划等。

以上四个环节将根据绩效管理工作的进行，不断循环反复，在实现个人和企业的目标之后，再重新设计目标，进入新的绩效管理阶段，从而不断调动员工的积极性，增强组织的竞争力。

3. 绩效考核的作用

（1）绩效考核是人员任用的依据

在组织发展过程中，有些员工的思想意识较弱。绩效考核的结果会对组织的健康和有序运营产生根本影响，同时，也会对积极进取的员工产生意识形态和认知上的影响。绩效考核可以有针对性地对每位员工进行全面评估，并了解每个人的专业知识和工作能力，以便对人员进行适当的任命和分配。

（2）绩效考核是员工职务调整的依据

随着科学技术的进步，公司对专业人才的重视程度也得到了提高，并且人们意识到，应利用人力资源来使优势最大化，避免劣势并使员工优势最大化。绩效评估可以准确记录员工的工作信息，包括工作绩效和态度、能力和理论知识等。对此类信息进行评估和大数据分析，可以为人员要分配的职位提出建议。这样，不仅可以合理配置人才，还可以提高公司运营效率。

（3）绩效考核是员工培训的依据

绩效考核可以发现员工短板，从而有针对性地实施员工培训。培训实际上是一种有效的人力资本投资，获得这种投资的人，能够增长某个方面的才能，从而适应某个岗位或更高岗位的能力需求。

（4）绩效考核是确定奖惩的依据

在现代企业管理中，薪酬是工作分析、工作定价的结果，而奖惩是绩效考核的结果。如果一个人连续若干年考核等级都是优秀，那么就应该得到奖励和晋升，因为事实证明他能胜任工作且工作很出色。反过来，如果一个人连续两年或两年以上考核等级都是不称职，那么，这个人就属于要么离开岗位，要么受到处罚的对象。考核的功能之一就是展现人的能力与绩效的差异性、区别性，从而决定此人的进退去留。

（5）绩效考核是促进员工成长的重要手段

从员工加入公司的那一刻起，公司就有义务满足他们在公司中的成长要求。因此，制订科学合理的人才成长计划也是公司规范运作的体现。绩效评估作为规范公司员工行为的重要保证，当然已经成为员工成长的武器。通过绩效评估，员工可以制订职业发展计划和良好的成长计划，提升专业技能，积累经验，并逐步成长为杰出的员工。

（二）人力资源考核存在的问题

1. 对人力资源考核体系的认识还不够正确

当前，不少人对于绩效考核的认知存在偏差，认为绩效考核就是对员工在过去一段时间内的工作表现打分，并依据打分的结果，实行奖惩。这实际上将绩效考核看作了优奖劣罚的行政手段。如果这样来认识考核，那么将极容易使考核走向歧途，产生种种问题。

人力资源考核是人力资源管理一个必不可少的环节，其目的是通过对员工业绩的评价，使之认清自己对组织的贡献大小，知识、能力的长处与不足，明确今后的努力和改进方向，进一步提升工作水平。简而言之，进行绩效考核不仅能使每个员工得到发展，而且能使组织得到发展，是一件双赢的好事。

2. 指标设计的指导思想还不够明确

①选择和确定什么样的绩效考核指标是绩效管理中的一个重要问题，同时

也是比较难解决的问题，一些绩效指标应与员工的工作绩效直接相关，即直接评估其工作成果。一些外国管理专家将绩效任务的这一部分称为绩效，绩效指标的另一部分是影响工作结果的因素，但并未用结果表示。它们通常是工作过程中的一些成就，通常被称为行为成就。一般可以使用质量、数量、及时性、成本之类的指标来评估任务绩效，并且可以使用行为描述来评估行为绩效。最终，绩效评估指标形成了一个系统。

②绩效考核周期的设置要合理。考核的周期就是指多长时间进行一次考核。多数企业一年进行一次评价，也有一些企业一个季度或者半年进行一次，还有一些企业一个月进行一次。

关于任务绩效指标，大多数职能经理都可以根据其经验进行半年度或年度评估。对于某些具有生产性的员工，可以缩短评估周期，以便及时了解他们的工作情况。缩短评估周期的优势在于，一方面，可以在更短的时间内更清晰地记录工作绩效，另一方面，有利于工作中的问题及时得到解决。

③必须建立以绩效为导向的企业文化。企业的存在就是为了创造价值，满足社会大众的需要。所以，企业里的每个人都要以创造价值为荣。个人的价值必须通过实实在在的绩效来体现。良好的企业文化，应既能使绩效考核制度带动员工树立与企业价值观一致的目标，又能为员工营造一种积极上进的工作氛围。

3. 考核标准的设计尚缺乏科学性

在一些组织中，还存在绩效考核标准不清晰、不齐全、以主观代替客观等现象。不难想象，使用不完善甚至不相关的标准对员工进行考核，得到的结果也必然是不客观、不公正的，其结果也不会得到被考核者的认同。

有的考核指标的设计缺乏科学性，如定性指标过多，必然会加大主观随意性。在考核等级划分上，虽然存在"优秀""称职""基本称职"及"不称职"四个档次，但是在进行该类等级的划分时，缺乏具体的量化标准，使等级划分难以裁定，"不称职"这一等级几乎形同虚设。

4. 对绩效考核数据缺乏深度分析

在人力资源专业化的提升过程中，数据分析扮演着至关重要的角色，它使得人力资源管理的理念、技术及技巧更加科学。

目前，大多数组织无论是人员的招聘，还是绩效管理都缺乏数据概念，缺乏对数据的有效处理和运用。若是有效运用和挖掘数据资源，构建起数据模型，将会对人力资源管理，特别是绩效考核产生质的提升作用。

过去，由于缺少搜集数据的工具，人力资源部门只能依靠人事档案里的有限文字记录获得一些对员工的认知。现在则不然，我们已经可以借助计算机、各类网站、社交平台获得大量数据，如果人力资源部门掌握了科学的数据分析方法，能够凭借多维数据，进行对相关人员的绩效分析，就可以得出更为深刻的认识，从而得出更加准确的结论，使组织个人与组织整体都得到发展。

（三）大数据改进人力资源考核

随着大数据时代的到来，组织的人力资源考核体系应根据组织自身的发展目标和发展步骤，以战略目标为导向，构建数据化、智能化的考核操作体系，使组织人力资源考核呈现出新的面貌。

1. 大数据与人力资源考核变革

用大数据变革人力资源考核，就要特别关注岗位数据和员工参与情况。

在以前的评估中，大多数评估者依靠有限的书面记录来主观评估被评估者，然后确定评估结果。例如，通过记录基本数据（如员工出勤率、工作结果和热情，当然包括失败率、任务完成率和其他数据）来确定员工对公司的贡献。

然而，在大数据时代，人事部门需要改变原有的评估方法，并实施基于大数据的人员评估和能力分析，以便客观公正地进行评估并消除员工的机会主义行为。

创建绩效评估指标时，要做的第一件事是工作分析。为此，公司需要充分利用现代科学技术和相关平台，广泛收集和挖掘与工作相关的数据，建立基于数据的绩效评估指标体系，然后为员工设计分析工具。这样可以客观地确认员工对组织的贡献，还可以提供定量准则，从而改善员工未来的工作。

此外，公司内部可以建立微信、微博、贴吧等信息交流和互动平台，使员工对以下主题发表意见：选择绩效考核指标、确定内容和执行程序、鼓励互动和讨论。因此，人力资源部门可以使用该平台生成的大量数据来客观地确定绩效管理计划，并阐明最困扰员工的问题以及他们最希望采取的解决方法。

借助这种互动平台，员工可以间接参与绩效评估指南的制订，还可以评估组织经理和其他员工的绩效，从而提高了组织管理和绩效评估的透明度。管理人员可以了解员工的绩效，而且员工可以监控他们的领导能力，信息也可以在员工之间共享和交流。让员工参与整个评估过程，然后调动他们对工作的热情，从而提高他们对公司的忠诚度。

大数据技术能够对人力资源绩效考核方法进行改进，通过收集与被评价者有关的结构复杂的数据，组织可以设计出更为人性化、可信度更高的评价指标。

运用可视化数据分析技术，如标签云、历史流、空间信息流等构建图形化、流程化分析结果，有利于人力资源部门更客观地评价和甄选人才。

人力资源管理决策是最需要大数据支撑的部分。大数据既能够把握当前实时动态，又能够对未来一段时间内的发展做出趋势性分析。传统的领导决策更加依赖各类人事统计报表，现在则可以利用商业智能工具，实现对人力资源数据的深入分析挖掘。

随着大数据技术的发展，通过汇聚更多的有效数据，加强对其中岗位、人员、业务等全面的关联性分析，组织的人力、人才决策将变得更加有数可考、有据可凭。

大数据洪流来袭，对人力资源考核的重大影响，不仅反映在以上方面，甚至可以颠倒考核程序。例如，在阿里巴巴公司，考核就做到了提前进行。也就是不在年底进行，而是提前到 9—10 月进行。这是为什么呢？因为到了年底，想改进也来不及了。那么，怎样做到提前呢？这就需要依据大数据建立一个数据模型，要采集需要考核人员的一些数据进行对比。在电商那里，可以采集到不同时点的三种数据：询盘的数据、下单的数据、交易的数据。这三种数据之间是有一定的比例关系的。例如，如果询盘数是 100，一般下单数是 80，交易数是 65。那么，人力资源部门就可以提前在某个时点，预测出某个员工是否能够完成预定指标。如果不能，则建议其提前采取对应措施。

大数据时代的到来，对人力资源考核来说，还可以改变一下思路：能不能抛弃以往的考核方法，从根本上颠覆旧的考核方式呢？不一定不行。一些发达国家的做法是：要求所有员工，一上班就打开计算机，而且在工作过程中坚持详细记录自己的工作成果。计算机是最听话的，它能够把每个人的每项工作成果都记录下来。如果再加上"社会徽章"的信息搜集，就可以把员工每天的行为信息、行为数据，如与客户的联系都搜集起来，加以统计汇总，那么，任何一个人的考核都有了数据依据。从这个意义上讲，现行的传统做法将发生根本性变革，这就是大数据的威力。

2. 建立人力资源考核大数据系统

作为重要的人力资源管理的职能之一，绩效管理的大数据化，有利于考核环节的方便快捷的实现，增强员工对绩效考核的认同和对企业的忠诚度，企业可以根据大数据化绩效考核软件，提高考核的水平和效率。

大数据时代的来临，加快了绩效管理信息化的脚步。然而，企业在面对繁杂、庞大的数据信息时，要做到价值最大化，为企业绩效管理系统服务，就需要一套战略管理体系，在企业战略管理体系的框架支撑下，数据才能使管理系统如虎添翼，引领企业飞速发展。

数据信息能否被有效利用，取决于战略管理系统的体系设计。大量的数据信息在全面、有序的企业战略管理框架中被归类、识别，并通过战略管理系统中的分析工具被分析、重置，再通过辅助保障系统将分析后的数据信息按流程、组织，系统地输送给终端，从而形成一整套企业战略管理信息化系统，以便于高效运用数据，真正提高数据可用性。

3. 加强对人力资源考核数据的分析

人力资源管理的数据分析有三个层面：一是基本信息分析。这是一项基础工作，是人事管理和处理信息的主要方法，如建立员工信息档案、员工考勤记录、加班记录等。二是人力资源管理各职能模块的内外部信息分析。它决定人力资源管理各职能模块运作的健康程度，其中包括人工成本分析、薪酬福利分析、外部竞争性和内部公平性分析、绩效考核结果分析、培训需求及效果分析等。三是人力资本计量分析。这是一个相对更有深度的核算分析方法，真正体现了人力资本的概念。它能够客观地评估人力资本的投入与产出，让人力资本管理真正为企业增值。

随着经济的发展和企业竞争的加剧，人力资源绩效考核作为人力资源管理的中心环节，正面临着新的挑战。为全面分析人力资源绩效考核的整个过程，应构建科学合理的考核体系并确定各项指标的权重，对考核数据进行综合分析。在确定各考核指标的权重时，可以引入群决策方法和聚类分析原理；在综合分析考核数据时，可以运用模糊评判方法。大数据技术还能从某些大型人力资源数据库中找到隐藏在其中的相关信息，帮助决策人员找到数据间潜在的联系，从而有效地进行人力资源开发配置，使企业的人力资源绩效管理更灵活、更高效。

第三节　加快人力资源管理大数据应用的具体行动

人力资源管理大数据怎样做起来？《促进大数据发展行动纲要》指出：要创新人才培养模式，建立健全多层次、多类型的大数据人才培养体系。大力培养具有统计分析、计算机技术、经济管理等多学科知识的跨界复合型人才。积极培育大数据技术和应用创新型人才。

一、领导要重视这项工作

贵阳市在大数据应用方面已经走在了全国前列。贵阳在大数据发展方面，有了七个全国第一：中国第一个大数据重点实验室，中国第一个全域公共免费Wi-Fi城，中国第一个块数据公共平台，中国第一个政府数据开放示范城市，中国第一个大数据交易所，中国第一个大数据产业集聚区，中国第一个大数据博览会和峰会。

二、要提前做好人才准备

大数据人才是当前社会最为短缺的人才。正因为短缺，更应该加紧培养，特别是对应用型人才的培养。

大数据人才从能力构成上讲是多元的，关键是三种能力：IT技术能力、数学统计能力以及业务能力。就大数据人才类型而言，有人认为，包括数据规划师、数据工程师、数据架构师、数据分析师、数据应用师、数据科学家等。只有实现大数据人才的多元构成，才能实现应有的功能。

三、要勇于探索，真正做起来

所谓"大数据飞轮效应"，是设想有一个平卧在地上有支撑的钢铁巨轮，要想推动它，艰难之极。现在，持续不断地用一个大铁锤敲击它，它开始微微动了起来。这时，不要放弃，继续敲击，飞轮开始转动起来，而且越转越快。这时，只要轻轻推动它一点点，它就会产生强烈的效果。

任何事情都有简单与复杂之分，大数据也一样。万事开头难，有了开头，逐渐尝到甜头，就增加了自信心，也会逐步走向大胆应用。另外，如果刚开始借用第三方数据，之后开发自己的数据，也叫从简单到复杂。

问题的另一面是整个社会要理解数据开放的重要性。大数据要求数据开放，如果各个系统、各个单位都把自己掌握的数据看得紧紧的，不给他人使用，那么大数据就很难形成。

四、大数据应用中值得注意的事项

当我们重视大数据的时候，首先要注意量力而行，也就是从自身实际出发。大数据无疑能够搜集每个人的大量数据，这就隐含着个人数据被利用的风险。如何防止个人数据被利用，就成为一个值得重视的问题。所以，国外学者呼吁实行个人数据、信息的立法保护，这是十分必要的。

我们主张工具理性要与价值理性相结合，也就是要坚持以道驭技、以道驭器。有了正确的发展方向，加上科学有效的方法，我们的人力资源管理就一定能够跃上新的层次。

第三章　人力资源大数据及其优势

在当今社会中，有成千上万的数据资源、信息资源。在面对上万亿的用户搜索时，我们不得不创造新的技术来存储和分析激增的数据。优秀的企业往往通过数据分析在第一时间找到客户的需求，从而提高产品的销售量。这样的销售机会在行业中被广泛利用，这也表明了大数据正在蓬勃发展。

第一节　大数据思维与决策

一、大数据

（一）大数据的定义

什么是大数据？大数据是规模超过传统规模的数据，是信息的集合。在前期的通用软件工具中，我们没办法捕捉、存储、管理和分析数据。"大"是一个笼统的定义，一般认为大数据的数量级应该是"TB"，即2的40次方。事实上，随着技术的进步，数据库的规模将继续扩大，而且由于研究领域不同，"大"的定义会有所不同，所以不需要统一。

大数据一般有以下几个特点：数量大、变化快、结构复杂。

大数据的集群意义并不大，但我们一般通过对大数据的收集、保存、维护和共享来实现资源的共享，不仅是区域性的，更是世界性的，我们可以在互联时代互联共通，相互学习，共同发展。

在信息化迅速发展的时代，对于信息的采集、整理和规划，大数据的利用显得格外重要。除此之外，大数据的结构和体系也多种多样，复杂的结构意味着大数据的来源和形式多种多样，所有我们能想象到的物品、资源都是大数据资源的一部分，只有资源越广泛、越细致，在分析数据时才能越准确。

1. 大数据重视事物的关联性

大数据的一个重要特征是数据之间具有关联性，数据的关联性可以帮助我们检索到相应的词条，在数据库中找到与之相关的信息，从而使数据联系起来。数据的关联可以方便人们的生活，一般会涉及对数据的分析，从而进一步发掘数据的关联性。

在一般的科学研究中，我们工作的本质是探索事物之间本质的因果关系。分析因果关系是一件非常复杂和严谨的事情，即使在具备某些有利条件的情况下，我们也不能在短时间内得出具体的因果关系。这时，大数据的优势就体现出来了。根据大数据分析的结果，如果有一种 A 现象，必然会发生 B 现象。在大多数情况下，我们不能直接得出 A 和 B 之间具体的因果关系，而是根据数据中它们之间的相关性来解决问题。当然，大数据技术并不是完全否定因果关系，而是强调先通过相关性来解决问题，因果关系可以在后期慢慢研究。

2. 大数据的价值重在挖掘

对于大数据，我们不仅要收集还要挖掘。在挖掘数据的过程中，也包括了对数据的分析和细化，挖掘就是分析，目的是找到关系、规律，从而在以后的应用过程中做到方便使用，这对管理者有很大的帮助。管理者可以利用大数据技术提高管理水平和管理能力，通过大数据分析来帮助企业更好更快地实现战略目标。

数据挖掘技术主要包括关联分析、聚类分析、分类和预测，只有做到了对数据的挖掘，才是真正利用了大数据的优势，才能让生活和工作更加便捷。

大数据文本挖掘工具，是一种从文本数据中提取有价值信息和知识的计算机处理技术，它包括文本分类、文本聚类、信息提取、实体识别、关键词索引、摘要等。

数据立方体是一种大数据可视化关系挖掘工具，表现方式包括关系图、时间轴、分析图、列表等，为用户提供了全方位的信息表现方式。

3. 大数据将颠覆诸多传统

抽样调查是社会科学研究中常用的一种调查方法，也是实验研究的重要手段之一，曾被认为是建立社会文明的坚实基础。事实上，它是在科学技术并不发达的时候采用的最传统的调查方法，费时费力。现在，信息的收集和保存更加方便了，也能从整体上分析数据信息，与抽样调查得出的结论相比，该方法更为准确。

大数据将颠覆各个行业，互联网金融就是一个典型的例子。大数据的资源

涉及广、具有实时性。在生产工作中，我们可以实现多个领域的人员、岗位、资源的数字化，最终实现战略目标。

在当代企业中，管理者十分重视这种数字化的资源管理，生产产品和提供服务的企业，通过对这些数据的记录、分析和挖掘，可以从中总结规律和方法，从而达到提高人力资源管理效率和组织产出量的目的。在人才选拔上，企业也可以借助数据化来降低工作量，依据数据化的资源直接筛选需要的人才。

（二）大数据的出现

在当今世界，基本上任何事物都可以用数字来表达，我们把这个时代称为数字化时代，所有的事物在数字化时代中都只是一串代码。我们每天制作的电视电影、录制的歌曲、拍摄的手机照片，甚至是记录在个人电脑上的数据，在数字化时代中，都由不同排列组合的数字串组成，这样的形式更方便我们储存和分析。

1. 每个人都是数据的制造者

在社会中，每一个人的所有活动都会被数据信息记录下来，无论是以何种方式，都在世界中留下了痕迹。随着谷歌和脸谱网（Facebook）的出现，大数据改变了数据的性质。我们通过互联网在日常的生活中留下越来越多的痕迹，将这些痕迹转移到数据库中，就可以通过数据分析得到一些隐秘的规律，现在更是能通过这些数据来协助找到某个人、查到某个人的行踪。

2. 大数据与云计算相辅相成

大数据与云计算相辅相成、相互依存，在日常应用中通常一起出现。大数据相当于海量信息的信息库；云计算相当于计算机和操作系统，只有依托大数据的支持，云计算才能得以存在。大数据与"云计算"的结合，给世界带来了一场深刻的管理技术革命和社会治理创新。

大数据时代也是互联网、物联网、云计算的时代。可以说，大数据与这三者息息相关。今天，大数据和云计算已经应用到我们的生活中。例如，有人开发了一种利用大数据捕捉人们信息的系统；当输入一个人的名字后，大数据收集的数据会自动生成一首关于这个人的诗。

事实上，简单地说，大数据是用来存储数据、分析数据、处理数据，从而获得有价值的内容。云计算是利用传统的虚拟机细分技术，通过网络整合海量服务器资源，然后分配给用户，从而解决用户存储计算不足的问题。

随着信息社会的发展，数据量不断增加，技术不断进步，大部分经销商通过大数据获得额外的利益。那么，在提取海量数据的过程中，如果提取有利数据的成本超过了数据本身的价值，就意味着有价值的数据等同于无价值的数据。因此，有效降低了数据提取成本的云计算已经成为一项不可或缺的技术。

从技术角度来看，大数据和云计算的关系就像一枚硬币的正反面一样不可分割。大数据不能由一台计算机处理，必须采用分布式架构。其特点是对海量数据进行分布式数据挖掘，但它必须依靠云计算、分布式处理、分布式数据库和云存储、虚拟化技术。

从应用角度来看，大数据是云计算的应用案例之一，云计算是大数据的实现工具之一。

目前，整个 IT 行业对大数据和云计算人才的需求比较大。近年来，相关领域的研究生就业形势相对较好。一方面，岗位级别相对较高，另一方面，薪酬相当可观，而且薪酬呈现逐年上升的趋势。

3. 大数据是量变引起质变的结果

大数据的出现是量变引起质变的结果，与人类历史上以往的信息革命有关。每一次信息革命都极大地促进了数据的出现、传播和存储，由大数据引起的信息革命对近代科技发展尤为关键。

大数据的出现也与社交网络的出现有关，人们都说"互联网只有 3 天记忆"，这说明信息时代的信息更迭很快，数据无时无刻不在更新；又有人说"互联网是有记忆的"，这说明所有存在于互联网中的信息，不论多久以后，只要有人需要，都能被搜索到。随着微博和微信的出现，每个人都是一个制造者，信息流不仅方便，而且可以追溯到过去。

如果想了解大数据和人力资源是如何结合的，需要先了解以下两点：

第一，企业 2.0 的出现。企业 2.0 的概念是由美国学者安德鲁·麦卡菲在 2006 年提出的。他认为企业 2.0 指企业内部、企业与合作伙伴之间、企业与客户之间不断成长的社交软件平台的应用。这是企业信息化的一个新阶段，即以企业资源计划（ERP）为核心的信息化已经演变为以 ERP+ 企业社会平台为核心的信息化。具体表现在以下几个方面：

①建立统一的工作平台。

②建立企业社交网络平台。

③知识管理社会化的实现。

④建立企业云档案。

第二，企业内部的所有行为都可以转化为数据，方便进行统一的管理和数据分析。

人力资源管理中存在两种类型的数据，一种属于宏观领域，另一种属于微观领域，记录、分析和挖掘这些数据可以全面提高组织的效率。

4. 需要深刻理解信息时代的三大定律

研究表明，要深入理解大数据，必须从宏观角度理解和把握信息时代的三大定律。

（1）第一定律：摩尔定律

根据该定律,同一面积的集成电路中可容纳的晶体管数量每18个月翻一番，同时性能也翻一番。换句话说，全世界的数据存储和处理都更快、更方便、更便宜。

（2）第二定律：吉尔德定律

成功的商业运营总是尽可能地消耗价格最低的资源，以保留价格较高的资源，这句话在现在也同样适用，使用较低的成本来创造相同价值的人就是赢家。

（3）第三定律：麦特卡尔夫定律

该定律认为，网络的价值与其用户数的平方成正比。也就是说数据越多，可利用的数据就越多，数据的价值也由此体现。量变引起质变，大数据是大量数据的积累，经过整合、分析产生新的价值。

人类存储信息量的增长速度是世界经济增长速度的4倍，而计算机处理能力的增长速度是世界经济增长速度的9倍。拥有和控制大数据，就掌握了现代科技的核心。因此，大数据提升到国家战略的高度。

（三）大数据的价值

大数据的真正有趣之处在于，数据已经变成了在线数据，而这正是互联网的特征。非互联网时代的产品功能必须是其价值，当今互联网产品的数据必须是其价值。

数据可以告诉我们顾客的消费倾向，他们想要什么、喜欢什么，每个人的需求有什么不同，可以把哪些放在一起分类。大数据就是数据数量的增加，让我们可以实现从量变到质变。

一般来说，我们在衡量大数据的价值时，主要关注的是数据的五个维度。大数据的五个维度包括数据的颗粒度、数据的新鲜度、数据的多维度、数据的关联度和数据的规模度。

1. 数据的颗粒度

数据的颗粒数主要是从数据的数量上来衡量的，数据要足够多，才能构成线索链，从而连线成面。

2. 数据的新鲜度

数据要有一定的实时性，这样才能保证数据分析真实可靠。

3. 数据的多维度

在收集数据时，要从多方面下手，让数据更加立体。

4. 数据的关联度

数据之间的关联性会直接影响数据分析的结果。

5. 数据的规模度

数据要覆盖面广、分支细化，才能得出准确的云计算。

大数据的使用涉及收集、总结、保存、管理、分析、展示等多个环节。通过以上环节，数据就能以简单明了的形式呈现在我们面前。数据仓库、数据挖掘、商业智能这些在以前看起来遥远的词语，在今天看来都是生活生产中再熟悉不过的词语，与之相伴的是当代科技的飞速发展，开启了数据分析的新时代。

大数据处理分为以下四个阶段：用多个数据库从客户端接收数据；将数据导入一个集中的大型分布式数据库中，做一些简单的清理和预处理；对资料进行分析和分类；数据挖掘。

（四）大数据在管理领域的作用

在大数据时代，计算模式也发生了变化，从"过程"核心向"数据"核心转变。分布式计算（Hadoop）系统的分布式计算框架已经成为以"数据"为核心的范式。非结构化数据和分析需求将改变 IT 系统的升级方式：从简单的增量升级到架构变更。

为了应对大数据带来的挑战，我们需要新的统计思维和计算方法。

1. 大数据应用技术

大数据在管理中的应用需要以下数据挖掘技术。

（1）数据仓库

数据仓库不同于传统的数据库，传统的数据库数据量少，而数据仓库已达到 TB 级或 PB 级，意味着分析数据更加透彻清楚。

传统的数据库需要大量的管理空间，而数据仓库只需要很小的空间，数据被数字化，在数据的管理上更加节省空间。

传统的数据库索引有限，而数据仓库有多种索引，根据数据的关联性，将线索链一并索引。

传统的数据库的重要索引是并发用户的吞吐量，而数据仓库的重要索引是查询的吞吐量。

对于人力资源管理部门来说，最重要的大数据分析主要涉及以下几种：

①劳动力市场空缺需求与就业的比较分析。

②就业形势分析。

③失业情况分析。

（2）聚类分析

聚类分析是将同类别的个体分为若干类，在相同类别中进行对比，从而做出薪酬调整、培训实施和晋升控制的决策。

样本点之间的距离也可以用来聚类，一般在对员工进行对比时会从多个维度比较，如执行能力、团队精神、道德品行、创新能力等。由于维度相同，聚类结果为层次树，也就是将员工分类，进行统一管理。

（3）决策树

决策树一般指人力资源部门为领导者的下一步决策提供数据支持的整体架构。

在使用数据库进行分析的过程中，主要是对员工的行为做出预测和分析，通过数据选择、数据清洗、数据归纳和数据转换来发现员工的潜力。甚至我们可以利用分析结果推断出员工对公司的满意度，从而推测出员工是否会离职。

根据决策树发现：与老员工相比，年轻员工更容易离职；与女性员工相比，男性员工离职的可能性更大；与高职称员工相比，低职称员工更容易离职；与低学历员工相比，高学历员工更容易离职。在对员工进行详细分析时，可以利用大数据技术从员工个性、价值取向、职业发展规律、行业特征等维度建立数据库和模型，提前消除离职因素，保留关键人才。

2. 大数据在管理领域的实际应用

大数据在管理领域有着巨大的潜力，我们可以从以下八个方面进行简要介绍：

（1）抓住工作重点

抓住工作的重点来开展工作，不仅省时省力，还能在最短的时间内得到最佳结果。在实际生产生活中，我们要注意实时收集各方信息，掌握重要信息，通过自动筛选，把握住工作的要点，一举攻破。

（2）预测未来趋势

就像微博的热搜一样，应用端根据客户的搜索量汇总成数据库，来发现热点事件，可以预知一些未来的事件走向和趋势，为一些事情的干预起到提前预警的作用。

大数据的核心是预测，预测可以体现在很多方面。大数据不是为了教机器像人类一样思考，相反，它是将数学算法应用到大量数据中去预测事物的可能性。

互联网、移动互联网和云计算为大数据的实时预测提供了可能，也为企业和用户提供了实时预测信息和相关预测信息，让企业和用户抓住机遇。

（3）得出管理规律

根据大数据的资源，对关键事件发生的频率进行分析，就会得出一定的事件发生概率。合理利用这种数据分析得出的规律，会使我们的生活和工作更加便捷。

（4）洞察调度奥妙

主要用于数据的统计和排列组合，对数据的整体规划十分有效。

（5）了解客户需求

目前，电子商务非常流行，许多制造商需要从电子商务中获得订单，这使电子商务的发展前景十分乐观，电子商务有可能在新时代中成为最具生产力的行业。

（6）考核员工绩效

工作中常用数据收集和统计的方法来计算员工的工作时间，考量员工的绩效，甚至用数据软件来监控员工的工作情况。事实上，这给管理者提供了很大的便利。

（7）洞察客户诚信

随着电子商务的不断发展，贷款也变得简单起来。现在，只需在手机上提供个人的相关信息，大数据就会综合衡量个人信誉，从而计算出可以批复多少贷款额度。

（8）找到正确的人

现在除了利用大数据寻找与信息相匹配的人之外，还可以通过大数据来找到容貌相似的人。大数据匹配的负面影响就是"人肉搜索"，这也让许多人感到害怕，隐私泄露问题也开始受到重视。

二、大数据思维

在大数据时代,每个人都是有联系的,事物是有联系的,实与空是有联系的,一切尽在联系之中。大数据将所有信息以排列和分类的方法整合，最终向人们呈现出清晰明朗的数据。

（一）什么是大数据思维

大数据思维是信息思维的新阶段，我们要适应并学习这种思维方式，它包含以下三个重要特征：

①定量性，可以被测定；

②相关性，相互存在某种联系；

③实验性，可以通过一些方法测验。

大数据思维是一种新的思维方式，不能包含在所有的思维中。

（二）对大数据思维的解读

大数据思维已经从关注宏观范畴转变为更注重微观范畴了。大数据思维是最现代的思维方式，一般来说，这种思维方式是人类大脑活动的内在特征，思维方式直接影响着人们的行为方式。但是人的思维方式和行为方式受环境和时代的影响和制约，是主观形成的，它们一旦形成，又会反作用于环境和时代。

与大数据思维相反的是工业化思维，工业化思维是指工业化阶段产生的与当时的生产方式相适应的思维方式，一般带有一定的形式性，强调规模化、标准化。但是根据中国的国情来具体分析就会发现，对于广大农村，要适应工业化和大数据思维；对于城市，特别是大城市，我们必须适应信息社会的思维，如互联网思维、大数据思维。在讨论大数据思维时，我们不能将其一概而论。

（三）大数据思维的特点

1. 强调"一切皆可量化"

在大数据的管理中，我们将所有信息转化为数据形式，不仅方便管理和保存，而且在检索时也更加便利。

大数据思维强调对事物的量化，在信息社会中，信息越来越多，也就更能体现出大数据思维的优势。我们周围的一切，甚至我们自己都可以用数据来描述，我们自己，也会变成一个"代码"而存在。

2. 强调"数据也是生产要素"

在生产生活中，很多数据是神秘的，是一种生产要素，在进行数据分析后，可以创造新的生产力，应用到企业生产管理系统中，可以进一步提高企业生产和服务效率。如果将其应用到更广泛的社会管理中，可以创造巨大的社会效益和经济效益。

3. 强调数据的完整性

大数据需要分析所有数据，现在人们有能力和方法收集并存储所有的数据，这就方便了分类和归纳数据，从而找到有关联的数据。更重要的是，这样我们可以得到更准确的结论。

基于大数据原理进行统计计算，这样得出的结论才是具有实际意义的数据。

4. 强调数据的复杂性

小数据强调数据的准确性，大数据强调数据的复杂性。客观世界是复杂的，要从复杂中认识事物，这样更有利于了解事物的真相，可以避免因忽视某些信息而导致的认知和决策失误。

此外，部分数据收集者会根据自己的利益来收集和上报数据，导致统计数据不实。然而，今天一般会从多角度来收集信息，形成"三维数据"，判断会更准确，数据的复杂性有利于客观真实性的呈现。

5. 强调事物的相关性

世界上一切事物的基本特征之一就是它们之间存在一定的关系，即相关性。大数据强调的是，在了解事情发生的原因之前，就要开始关注它，利用这种相关性尽快创造价值。

关注关联性而非因果关系，社会需要放弃对因果关系的追求，只关注关联性，也就是说，只需要知道它是什么，而不需要知道为什么。这将颠覆传统，我们最基本的决策和认识现实的方式也将受到挑战。

在这个充满不确定性的时代，当我们去找确切的因果关系然后再去做事情的时候，这件事就不值得长久地去做了。所以，"大数据"时代的思维有点像回到工业社会的机械思维，机械思维就是当按下那个按钮时，相应的结果就会出现，这就是状态。

6. 强调发现事物的规律性

世界上的一切都有规则，大数据思维注重从多方面收集信息，从多角度分析数据，更容易识别隐藏在事物背后的大概率现象，即规律性。从这个意义上说，大数据思维可以加深人们对事物本质的认识，从而更好地理解和改造世界，这也是辩证唯物主义者所追求的精神境界。

（四）大数据思维创新案例

1. 用"虚拟世界"构建"物质世界"

养老院既有实体的，也有虚拟的。虚拟养老院是一个大数据系统，将空巢老人和孤寡老人的健康生活需求、护理需求等动态数据汇集在一起，这就是需求方；然后将志愿者和其他供应商的信息收集起来，使双方能够匹配，最大限度地利用社会资源。虚拟养老院的服务包括紧急救助、生活服务、老年人社会互动和老年人护理等。在现实生活中，"线上"和"线下"可以结合在一起，实体服务中心的建立可以打破原有社区实体的时间和空间的限制。

2. 数据共享

在数据时代，数据不仅可以自己使用，也可以与其他组织共享。数据共享在企业中的应用不仅可以从产品上体现，还可以根据社会情况对库存进行及时调整，避免货物积压。如果批发市场能够获得零售商的零售数据，就可以更合理地安排生产和物流。

3. 推进行政管理体制改革

美国空中交通管制机构采用了大数据方法，定期公布过去一年各航空公司和航班的"延误率"和"平均延误时间"。乘客在购买机票时就可以把这些数据作为参考，这被称为通过市场手段和大数据方法促进航空公司提高准点率。在不能准确表明是否会晚点的情况下，根据往期数据做综合分析，可以解决一部分晚点问题。

三、大数据决策

决策就是领导者根据实际情况对事情给出决定性的意见，一般根据具体情况，会有不同级别和战略上的考虑，从而做出多种类型的决策。掌握信息的程度不同，在决策的选择上会有明显的差异，所以这也要求数据具有多样性和大量性。

例如，在贷款审批的机制上，现在一般会采用大数据的方法来进行，因为大数据决策更加省时省力。当贷款申请提交到审批端时，会根据申请人或申请企业的综合信息状况来综合衡定是否放贷。在大数据时代，没有人在做决定，是算法在做决定。算法根据放款机构的要求对信息做筛选，符合要求的就可以放款，整个过程不超过5分钟。

大数据决策具有以下特点：

（一）根据数据来决策

在我国古代，普遍缺乏定量概念，在做决定时，人们多会做出情感判断或主观判断，这就导致决策结果过于主观，失去了决策的意义。大数据决策需要从数据出发，而不是从经验或感觉出发。大数据决策注定是一场决策机制的变革。

（二）及时做出决策

在大数据时代，一切都是在线的，监管数据是实时、及时的，决策的前提是了解主观和客观情况。在大数据时代，工作人员可以通过大数据工具及时掌握主客观情况，并及时将数据支持的主客观情况提交给决策者。包括信息的反馈在内，所有数据都讲究及时性。

（三）用"过程数据"代替"结果数据"

大数据具有非常清晰的记录功能，我们可以从记录中发现一些规律和变化。一般来讲，主要可以通过对比的方法来观察数据的变化，这不仅可以帮助我们更快地分析数据，还可以让我们及时采取有效措施。

（四）注意预测数据

大数据的预测功能通常通过回归分析、时间序列分析、随机树和神经网络技术来实现。预测需要有足够多的信息，需要对关键数据进行收集、跟踪和分析，这样我们就可以提前干预和维护。

（五）充分发挥数据引导作用，提高生产服务水平

实际上，数据时代是一个依靠数据操作的信息时代。如果我们不能进行数据的指导，我们就不会得到巨大的峰值数据，创造惊人的峰值性能。因此，我们要利用好数据的引导作用，从而引导生产生活的高效进行。

第二节　大数据的竞争优势及其典型应用

牛津大学教授、大数据权威专家、《大数据时代》一书作者维克托·迈尔·舍恩伯格博士被誉为"大数据时代的先知"。信息风暴推动了大数据、分析等新技术的出现，它们不仅促进了科技的多样化，还加速了以数据为核心的企业商业模式的转型，在方便人们生活的同时，也推动了移动、云计算、软件开发等新兴技术的蓬勃发展。

一、大数据的竞争优势

在今天的大数据时代，商业智能已经被重新定义。例如，当传统企业进入

互联网，掌握了"大数据"技术的应用方式后，会有一种豁然开朗的感觉。大数据思维，其实不是一个全称的判断，而是对我们这个时代的某种纬度的描述。

大数据具有以下竞争优势。

（一）大数据成为"强国密码"

大数据是新一代科技的核心科技，大数据的应用发展和快速推广主要体现在以下几个方面：帮助有关部门和社会服务平台建立健全国家大数据平台，使数据成为国家战略资源和大数据实际应用的基础，帮助各领域挖掘新型人才；各级政府和各类行业利用大数据平台帮助解决实际工作中的问题，使大数据的准确性、可预见性和智能性为各行业在决策方面提供强有力的支持。

大数据在商业、金融、物流、零售等行业的应用已处于领先地位，在未来，我们要将大数据技术应用在医疗、教育、体育等行业，相信在大数据技术全面覆盖的未来，人们的生活将会更美好。

（二）大数据分析让企业掌握竞争力绝对优势

在 21 世纪，企业已经逐渐明确数据的巨大价值，并将其作为一种新的自然资源。大数据与分析成为提升企业竞争力的绝对优势，成为企业转型创新的巨大动力，并斥巨资开启了人工智能研究的新时代。在中国，越来越多的 IT 领军企业以及众多创新型企业开始意识到大数据的"巨大能量"，开始利用大数据帮助企业运营。

（三）大数据分析应用场景

1.营销管理

大数据可以帮助我们吸引、培养和留住客户：为客户提供个性化产品和服务；充分利用企业内外的所有数据，智能预测客户的需求和行为；通过客户使用的渠道实现协同实时交互；通过更好地了解客户，提供合适的服务水平，从而提高客户回购率。

2.优化运营

利用大数据和分析技术，让企业运营流程和制度发挥应有的作用；规划和管理运营、供应链和基础设施资产的使用，使其发挥最大作用；降低成本，提高效率和生产率。

3.优化管理财务流程

大数据分析可以帮助我们及时获得各方面的可靠信息，全面了解和控制财务绩效，从而更好地衡量和监控经营成果，以帮助我们做出关于业务战略和人力资本管理的明智决策。

4. 管理风险

大数据分析可以让我们清楚地知道如何规避财务和经营风险；如何适应法律法规的变化，降低不合规风险；如何主动发现、理解和管理财务和经营风险，使我们能够更快做出风险意识决策。

5. 创建新的商业模式

大数据分析可以帮助我们了解在改变行业或创造新市场的过程中，我们的企业文化是否支持创新思维和探索，从而利用大数据分析获得的新视角来研究战略业务增长。

（四）大数据分析为人力资源带来的竞争优势

在大数据环境下，人力资源规划可以通过数据动态跟踪和分析员工的工作状况与状态、离职率、供求等信息，从而对人力资源进行准确诊断和决策。分析云可以帮助企业更好地洞察数据的本质，协助人力资源部门监控员工绩效并合理调度，协助企业高管确定工作重点并预测未来趋势。

沃尔玛是首批受益于大数据的企业之一，它曾经拥有世界上最大的数据仓库系统。通过对消费者购物行为等非结构化数据的分析，沃尔玛成为最了解消费者购物习惯的零售商，创造了"啤酒和尿布"的经典商业案例。早在2007年，沃尔玛就建立了存储容量超过4PB的超大数据中心。

增加薪酬是激励人才最有效的方式之一，合理的薪酬制度是企业吸引和留住核心人才的关键。通过大数据技术，我们可以获得一个行业的工资水平和个人工资水平。

2012年，沃尔玛采取行动将实验性的10节点Hadoop集群扩展到250节点Hadoop集群。从那时起，为了提供卓越的用户体验，沃尔玛加快了应用一流电子商务技术和大数据分析的速度。沃尔玛收购了位于加州帕洛阿尔托的小型初创公司Inkiru，以改善其在大数据方面的表现。Inkiru帮助沃尔玛进行定向营销、销售和反欺诈。Inkiru的预测技术平台从不同来源获取数据，通过数据分析帮助沃尔玛提高其个性化。Inkiru的预测分析平台集成了机器学习技术，自动提高算法的准确性，并可以与各种外部和内部集成数据源进行集成。

1. 沃尔玛如何利用大数据

沃尔玛有一个巨大的大数据生态系统（见图3-2-1）。沃尔玛的大数据生态系统涵盖了数以百万计的产品数据和来自不同来源的数亿客户，具有强大的数据分析能力，通过不断优化检索系统来支持销售。

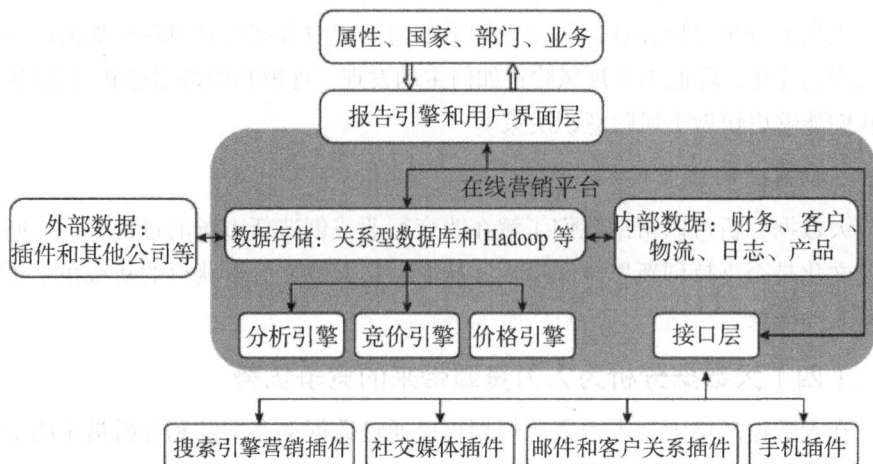

图 3-2-1　沃尔玛大数据生态系统

2. 沃尔玛如何追踪用户

数据挖掘帮助沃尔玛找到一个销售的新模式，该模式主要利用了数据整合的手法，根据哪些产品需要一起购买或者在购买特殊产品之前会做哪些操作，通过信息的整合为用户提供产品推荐，为客户提供了更专业、更个性化的服务，提高了客户的转化率。

沃尔玛通过店内的无线网络收集顾客购买的商品、居住地和喜好等信息，大数据团队分析用户在线上平台的点击行为。所有的活动都被大数据算法捕捉和分析，帮助数百万客户享受个性化的购物体验。

下一波变革是大规模定制，旨在以个性化的方式为大量客户定制产品和服务。例如，消费者希望他们的车是红色和绿色的，制造商可以满足要求，但价格不像批量生产的车那样实惠。因此，在制造商能够承担得起大规模定制带来的高昂成本的前提下，要想提供个性化的产品和服务，就必须对客户的需求有一个很好的了解，这就需要依靠大数据技术。

3. 沃尔玛如何真正提高销售量

（1）推出新产品

利用互联网技术找到新的产品突破口，在第一时间把握商机，找到了人们感兴趣的关键点，也就抓住了人们的眼球。

（2）采用更好的预测分析技术

根据数据分析，来预测订单的品类情况，有针对性地进行测算分析。

（3）提出个性化建议

对客户的购买订单进行汇总分析，得出客户的购买力和购买情况，提供个性化的商品推荐。

4. 沃尔玛如何应对大数据技术危机

沃尔玛的大数据每天都在以惊人的速度增长，大数据人才的缺乏已经成为沃尔玛数据分析的主要障碍。在大数据技术高速发展的时代，大数据技术人员其实很有限，沃尔玛正在采取一切必要的措施来应对这一挑战。一般来说，除了招聘环节外，项目候选人必须与各部门人员进行沟通，了解整个公司如何使用大数据分析技术。

沃尔玛如果想继续攀登零售高峰，就必须努力解决大数据技术人才短缺的问题。不仅是建立自己的大数据团队，拥有大数据分析师，同时还要有相匹配的程序支持，这就需要有大数据的前端和后端开发人员。这类人员在市场中是极为少见的，需要不断寻找、开发、培养来完成大数据工程的研发任务。2014年，沃尔玛举办了一场 Kaggle 比赛，向参与的专业人士提供特定商店的历史销售数据和相关促销活动等信息，让他们建立模型来展示这些促销活动对超市区域的影响。利用竞争的方式，将测试人员放在一个特定的环境中，依据实际情况、市场情况来做出大数据分析。具体的案例分析让我们能更直接、清晰地看到每个人的优势、劣势，竞争的结果最终帮助沃尔玛找到了具有杰出技术能力的分析师。

二、人力资源大数据及其典型应用

如何在战略转型的人力资源管理中体现大数据理念？如何利用大数据提高人力资源价值和组织效率？

"信息社会"的建立，标志着大数据时代的到来，也标志着人们的生活、工作和思维的巨大变化，给企业人力资源管理带来了新的变化，大数据的激增也加快了企业创新和变革的速度。大数据的本质不在于它包含多少信息，而在于对信息数据的专业处理和整合大数据正在改变我们的生活和我们理解世界的方式，成为新发明和新服务的来源，更多的变化即将发生。

在大数据时代，企业经营的特点是以数据为决策依据，以信息系统为平台进行数据集成和数据网络共享。随着人力资源管理理论和管理实践的快速发展，人力资源管理专业水平的提高成为扩大和深化人力资源管理职能的关键。在提高人力资源管理专业水平的过程中，大数据起到了至关重要的作用，使人力资源管理的概念、技术和技能更加科学。

在大数据时代，人力资源管理将依托先进的技术平台，对人才信息进行集中、规范、及时处理和管理，提高人力资源管理的效率，实现高效管理。

（一）什么是人力资源大数据

大数据近几年发展很快，图 3-2-2 展示了每分钟互联网能产生哪些数据，这些数据还在不断地上升。数据的大小通常按照如下进阶，后者是前者的1024 倍。

KB → MB → GB → TB → PB → EB → ZB → YB → NB → DB

根据业界的共识，达到 PB 这个级别基本上是大数据的临界点，也就是说数据量积累到 PB 水平以后，才能开始去谈大数据。

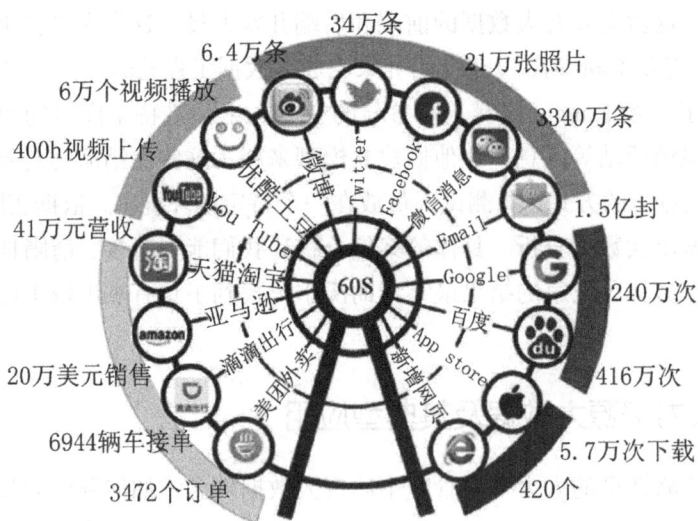

图 3-2-2   2016 年年底互联网一分钟产生的数据量

那么人力资源的数据是否属于大数据呢？对于人力资源来讲，大部分企业人力资源领域产生的数据基本上还在 GB 这个级别。大部分企业的数据还远远没达到大数据的量级，虽然他们也比较重视数据的采集和管理，但依然存在数据库不够大的情况。这时我们可以利用大数据的思维方法以及技术，去研究与探索人力资源管理，以企业战略目标为导向，从而为企业人才方面的决策提供高含金量的辅助依据与建议。

（二）人力资源大数据的特点

1. 相关性

人力资源大数据的特点之一是具有关联性，这主要体现在三个方面：

①人力资源内部业务数据：基于员工个人产生的各种信息相互关联、相互影响。

②人力资源外部数据：基准数据和行业标杆数据、竞争对手的基准数据相互关联。

③企业运营数据：当企业效益良好时，人力资源的投入也会增加；当企业效益不佳时，可以采取关闭、停运、调动、裁员、提高效率等措施来及时止损。

2. 流转性

大部分人力资源数据贯穿人才管理的各个流程，保证了业务的正常运行。人力资源管理流程保证了数据的连续性和一致性，并将过程中产生的数据记录下来，为未来进一步的大数据分析积累数据。数据的积累不仅有利于未来对数据的管理分析，还有助于数据资源的共享，为下游系统提供接口，以满足其他业务系统的需求。

3. 分散性

①人力资源本身的数据分散在不同的系统中，这就导致有些系统或是数据互不相关。

②人力资源以外的数据，掌握在各个部门手中，因为部门的私密性，一些数据不方便共享。

③外部行业标杆数据，一般都需要大量的人力物力来收集、整理和总结，而且不便于综合分析。

目前的人力资源数据存在一些问题：数据样本不足，因为许多企业信息系统的建设还不完善，导致数据的收集和积累有限；分析技术上存在局限性，绝大多数人力资源从业者不懂大数据技术，而大数据专家不懂人力资源管理。

（三）人力资源大数据的价值

人力资源大数据的价值主要体现在大数据思维和技术的有效运用上：利用数据挖掘和建模分析等来预测未来趋势，为人力资源决策提供辅助支持。

企业战略规划包括企业的发展愿景、发展战略和发展过程设计，人力资源战略规划是企业战略规划的核心内容之一。

正如企业战略的变化和发展一样，企业的人力资源规划也要变化和发展。一些企业花了大量的时间和精力来确定适合特殊商业环境和企业战略发展的人才需求规划。例如，通用电气公司一直致力于制订符合不同业务部门要求的管理人才发展规划。一般来说，当环境发生变化时，企业往往期望招聘适合新环境的人员，这实际上是根据公司的战略定位来确定新的人力资源规划要求。

企业不同的经营策略会影响人力资源规划。例如，一个制度化的组织需要更多的传统管理者，即能够保持连续性、稳定性和控制性的人。企业组织越来越灵活，为了适应竞争环境的变化，需要更多灵活的管理者或"变革领导者"。

作为对企业战略概念的解释和延伸，管理领域已经形成了各种提高人力资源与企业经营战略适应性的方法。迈克尔·波特提出的人力资源管理方法与企业战略直接相关。他确定了关键战略选择（成本领先、差异或重点）所需的不同管理特征。人们可以用管理人才发展指标来具体说明这些特点，而获得相应的人才也是公司实行某一战略的基本前提。

具体的企业战略需要不同能力的人力资源。创业、快速成长、业务成熟、转型和行业退出代表了一个组织生命周期的各个阶段，每个阶段都需要不同的管理人才。

第一，大数据时代的思维方式发生了根本性的变化。在过去，我们习惯于做数据采样，但大数据实际上不是采样，而是完整的数据。此外，我们过去在采样时要求个体数据非常准确，而大数据允许不精确，但需要有效性。另一个特点是大数据侧重于从大量数据中寻找相关性，而过去的数据分析提前提出了因果假设，然后收集数据通过分析来验证假设，属于因果关系。

第二，大数据时代思维方式的转变。大数据处理和技术的发展，仍然处于"盲人摸大象"的阶段。随着大数据技术的不断进步，出现了越来越多的鲜活、完整的数据来源，所探索的事物将无限接近事实和真相，可以获得更深刻的智慧和洞察力，从而体现大数据的真正价值。

（四）人力资源大数据的典型应用

要抓住大数据的机遇，必须做好以下几个方面的工作。

首先，从技术角度来看，最重要的是开发特定的工具或程序，来管理大量服务器产生的结构化和非结构化数据。数据的来源是多样性的，为了保证数据的多样性，我们可以通过不同手段来获取。

其次，需要选择分析软件来挖掘数据的意义。管理和分析大数据的人才被称为"数据科学家"，聪明的领导者会尽力留住这些人才。

1. 百度人力资源大数据共享信息平台

百度的人力资源大数据共享信息平台为许多企业提供了人力资源共享，主要从人才管理、运营管理、组织效能、文化活力、舆情分析等方面为企业提供综合参考，在数据中做了相应的指标体系建设和相应的建模，为管理层的人才决策提供参考与建议。

2. 人才雷达把数据挖掘应用到招聘服务

成都数之联科技有限公司将数据挖掘应用于招聘服务领域，利用信息匹配技术，将相匹配的信息进行整合处理，节省了招聘时间。

人才雷达系统成功的关键是，邀请用户绑定自己的社交网络账户，通过大量的数据筛选，搜索引擎可以自动匹配和推荐人才。

其核心技术是人才搜索模型和匹配算法，根据信息的匹配程度来匹配适合的岗位。一般可以通过职业背景、朋友匹配、求职意向、信任关系、个性匹配、职业影响力、职业取向、工作场所、行为模式这9个维度来判断推荐人的适合性。

3.e 成科技的大数据招聘服务平台

e 成科技（上海逸橙信息科技有限公司）是中国领先的一站式大数据招聘服务平台提供商，与其他招聘公司不同，它主要依靠机器学习算法、数据挖掘、NLP（自然语言处理）和其他技术来提高简历和职位之间的匹配效率，提供的服务包括简历搜索、个性化推荐等，可以更有效地激活企业闲置的简历资源，形成协作共享效应。它帮助企业有效地提高招聘资源的利用率，为企业人力资源决策提供重要参考。

4. 上海联通推出人力资源"管理仪表盘"

上海联通为公司管理层推出了人力资源"管理仪表盘"，主要用于直接为管理层呈现人力资源管理分析报告，以提高效率为前提，以质量控制为目标，以流程再造为核心，以信息系统为载体，一般采用定量分析、定期推送、发送数字语音等方式建立可视化报表中心，提高数据的可视性和可读性。管理仪表盘共有10个维度、30多个主题，以"图形数据解读"的形式，对员工入职、调动、换岗、离职等基础业务的人力资源数字化运营管理转型进行了探索。

5.京东的离职预测模型

根据上一年研发部门员工的离职情况，结合各项因素的综合占比来预测当年的员工离职情况（见图3-2-3）。

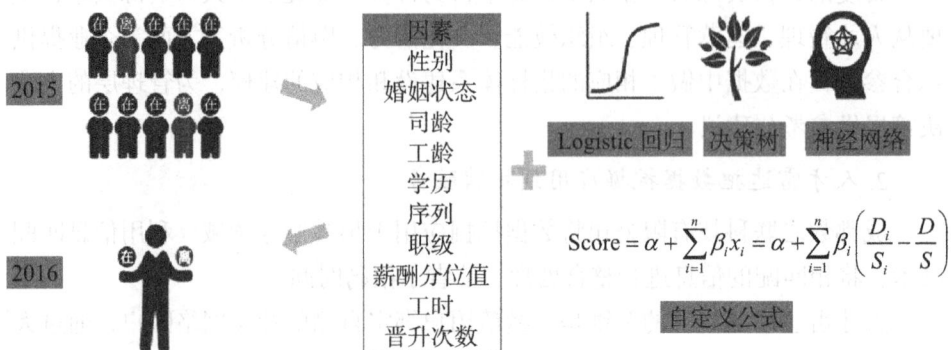

$$Score = \alpha + \sum_{i=1}^{n}\beta_i x_i = \alpha + \sum_{i=1}^{n}\beta_i\left(\frac{D_i}{S_i} - \frac{D}{S}\right)$$

图 3-2-3　京东员工离职预测模型

离职预测—落地实践。数据结论与实践业务结合，持续进行优化（见图3-2-4）。

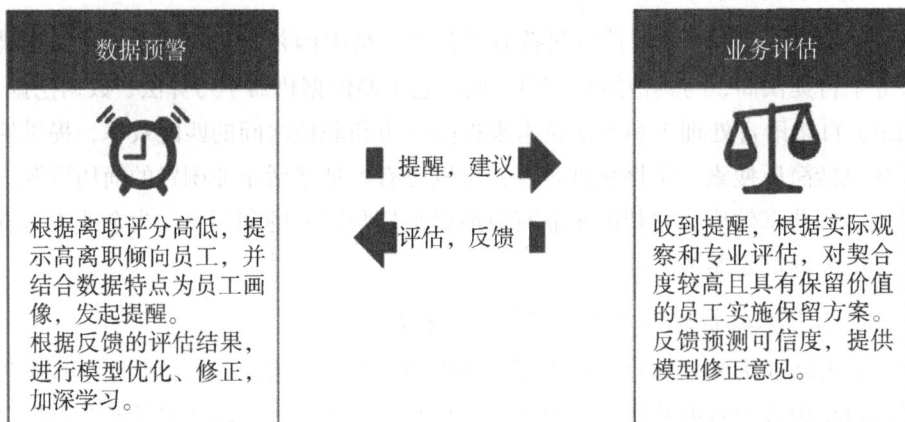

图 3-2-4　数据预警指导实践

6.大数据预测员工心理状态趋势

计算机自主学习的力量在于无止境地自我完善，在分类或趋势预测的背后是庞大的数据演算，不仅是对数据的收集与再分类，其中建模和预测过程包括了复杂的统计过程。而人工智能看似神秘，其实它也是无数数学计算得出的结果。在人才发展方面，人工智能可以帮助我们预测员工心理状态的变化趋势，从而为我们在培养员工的道路上指明方向。

经过研究发现，人工智能可以发现不同管理方法下，员工心理状态的变化趋势，特别是工作动机的变化趋势，具有一定的可预测性，这一过程主要是大量的建模和验证工作的进行。

第三节　人力资源大数据与人才

2009年的流行词汇之一是大数据，从此，大数据正式成为互联网信息技术行业的代表词，并进入公众视野。2016年3月，中国将大数据战略纳入"十三五"规划，将"大数据战略"提升为国家战略。

如今，大数据终于迎来了它的时代。大数据作为一门新兴学科，为科技发展拉开了新的序幕，而人工智能的应用将把智能决策推向一个新的高度，在未来，这项科技技术将覆盖全球。

企业转型的内容主要包括三个转型体系：商业模式转型、组织文化转型和价值导向转型。这三种转型的实施都离不开人员职能定位、意识和行为模式的相应变化。

组织结构调整是企业转型的主要形式之一。在信息高度发达、与客户零距离的理念下，企业正努力使其组织更加扁平化。因此，各级管理者的职责范围更大，观念需要更新，行为需要更快速，更贴近客户。通过这种方式，中层管理者被重新定义为承担更多将战略转化为商业计划的责任的人。

组织重组过程中的流程再造，使工作被重新组织，岗位工作变得更加不稳定，变化和调整更加频繁，需要充分发挥每个员工的个人人才优势。企业往往强调团队合作和个人绩效，因此竞争与合作的概念要求员工在理解自身与企业、自身与工作、自身与同事之间的关系时对自己有新的定位。

所以，企业改革的本质和核心是人员技能、观念、责任和行为模式的调整。

一、人才成掣肘

制约大数据进一步发展的瓶颈很可能是大数据人才短缺，随着时代的发展，社会对大数据人才的需求也越来越大。从大数据工作和技能需求的角度，我们对大数据人才进行了定义和分类。

①数据分析师：熟悉大数据的概念和原理，在理解的基础上具有一定的数

学和统计知识，还要熟练操作和使用数据软件和工具。数据分析师主要在大数据及相关领域做前沿工作，不仅要对行业了解，还要对行业进行环境分析。

②数据工程师：数据工程师应具备开发和搭建数据平台和应用的能力，熟悉数据挖掘的流程和原理，为大数据技术在各个领域的应用提供解决方案。

③数据科学家：数据科学家需要熟悉各种大数据技术的原理和优缺点，合理运用各种技术设计大数据平台的架构，根据数据挖掘的使用需求和业务内容设计和开发算法。

二、培养周期长

现在大数据工程师和大数据科学家之间的界限仍然很模糊，但数据分析师已经逐渐分离，主要是因为数据分析师更容易培养。在实际数据应用领域中，不同领域的数据分析师对技能的要求也不完全一样。数据分析师需要掌握的数据知识和技能越来越多，这也说明现在使用的数据应用程序和工具越来越复杂。

如今，任何大数据平台的建设和维护都需要数据工程师和数据科学家。在经济与科技高速发展的时代，每年都有几十个大数据平台被推出和建设，在短时间内对优秀的数据工程师和数据科学家产生了巨大的需求。然而高端人才的供给一般都会受到人才短缺和培养周期长的制约，就当前的教育情况来看，培养一名合格的数据工程师或数据科学家需要 5 ~ 10 年的时间。

调查显示，目前大数据人才培养的速度明显低于大数据开发应用的速度，就算是我国的首都北京，也同样面临着大数据人才短缺的危机，大多表现为雇用的人员与岗位不相匹配。

三、先下手为强

在竞争日益激烈的环境中，人力资源是企业的首要资源，人力资源部门的责任将越来越重。人力资源管理系统作为现代信息管理工具，已成为企业发展过程中不可缺少的内容。它可以使企业的各级部门了解员工，合理安排员工岗位，并让员工感受到良好的企业氛围。

首先是招聘管理。招聘往往是人力资源部门最头疼的事情。除了在互联网上不断搜索急需人才外，每天还要面对大量的招聘信息。如何合理、公平、高效地完成这些工作，已成为人力资源部门要解决的首要问题。

可以建立自己的人才库，企业可以在自己的人才库中保存一些优秀的人才信息，以备不时之需。此外，该系统还可以与各大招聘网站共享数据，并及时将网站上的信息传递到企业系统中，从而使人力资源人员能够方便、快捷地进行处理。

除了大量的招聘工作外，工资核算和日常各项审批工作也占用了大量的工作时间。人力资源管理系统可以与企业资源系统无缝对接，可以实时统计企业的工时、计件、加班情况，不需要人力资源人员做大量的手工统计和核算工作，从而可以大大提高工作效率，减少人力成本的投入。

现在企业的招聘越来越难做，减少人才流失已成为人力资源管理部门的当务之急。除了合理的薪酬外，让优秀员工感受到企业的关注，也是企业应采取的重要举措。人力资源管理系统可以提醒人力资源人员按照国家法律法规给予员工相关的福利和帮助，从而使公司的管理制度更加完善。

大数据产业在美国崛起后，美国应对"大数据人才短缺"采取的措施我们可以借鉴一下。有关资料显示，大数据人才短缺的问题在短期内只会加剧，不会缓解。应对这种情况的主要方式是增加对高科技人才的储备，在此基础上，要多培养大数据人才来填补缺口。为了能让更多的人了解和从事大数据方面的工作，我们不仅要在薪资待遇上做提升，还要注意对人才资源的合理利用。

根据现在的国情我们可以预见，在未来，国家、地区甚至企业对大数据人才的竞争将会更加激烈，这就要求人力资源管理部门合理利用资源。有关部门应重视建立我国大数据人才平台，对大数据人才问题进行深入研究，加大人才培养和引进力度。

第四章 人力资源大数据的分析及应用

谷歌、推特等全球知名的互联网公司，其优秀运营除了其他方面还有人才管理。它们的人才管理如何胜过其他公司？它们的人才策略和实践如何助力业务发展，提升企业文化？专业人士总结了几条原因，其中之一便是用数据进行人才决策。HR会用大数据和小数据说话，才能展现决策的客观价值。对于HR来说，面对新经济形式及科技发展新趋势，所要做的就是改变，必须关注组织变革、人力资源战略转型、AI时代、数字经济、人工智能、云计算、大数据这些关键词。

第一节 人力资源大数据分析概述

一、人力资源大数据分析

（一）数据思维习惯

HR在工作及行动之前，要习惯于花一定的时间在分析问题上。如果HR已经收集了历史数据（描述性分析），并且用这些数据来分析未来会发生什么（预测性分析），然后设计一套方案去解决之前存在的问题，很有可能之前的问题就不会再出现（处方性分析）。这是一种有效的管理方式，能够使管理者集中精力有效地把组织向前推进，而不是无限地重复过去。

（二）分析的三个层次

预测性分析的出现为组织管理潜力的提升提供了强有力的实用工具。分析是艺术和科学的结合，艺术教会我们如何感知世界，科学教会我们如何做好事情。提到分析，人们会自然而然地联想到统计学，但这不是完全正确的。在数据分析中,统计学确实起到了重要作用,但是这些作用是在我们充分理解了问题内部的各个元素及其相互作用和关系之后才开始产生的。分析首先应该是思想框架和逻辑过程,其次才是一系列的统计操作。

信息的交流和汇集对人力资源或者人力资本分析至关重要,这需要相互分离的数据源,尤其是活动数据,包括调查数据、公司历史数据、管理数据等,有了这些数据才能去完成尽可能完整的现在和未来公司面貌的拼图。这一过程有利于公司做出更好的决策,并在实际应用中得到验证。分析可以分为描述性分析、预测性分析、处方性分析三个层次。

1. 描述性分析

传统的人力资源矩阵包含了相对全面的数据信息,如员工流动率、岗位空缺时间、招聘成本、雇员人数和培训人数等。描述性人力资源分析描述了不同因素之间的关系和历史数据所包含的模式。这是一切分析的基础,其中包括仪表盘、计分卡、劳动力分布、基本模式的数据挖掘和周期报告。

2. 预测性分析

预测性分析利用大数据挖掘、复杂算法和建模等技巧,从现有数据推导出未来趋势,实现预测功能,分析结果一般以概率呈现。例如,预测性分析通过建模来提高雇用、培训和提拔正确员工的概率。

3. 处方性分析

处方性分析通过分析复杂的数据来预测结果,提供决策选项并展示其他的商业影响,如组织优化、业务发展等。

总体上讲,分析过程包括从简单的人力资源矩阵报告到对商业应用的处方性分析。虽然金融资本(现金)和经济资本(无形资产)是商业的血液,但是一切商业的经营和运作最终都要人来执行。

(三)分析的两种价值

对企业来说,最根本的管理问题是如何才能有效地管理人才。相较于有形资产,人的行为更加复杂和难以预测。这种不确定性使很多管理人员更关注有形资产,但最终公司需要通过员工的劳动来创造价值。

大数据分析是为了更好地挖掘隐藏的价值。这些价值体现为两种形式:经济价值和金融价值。经济价值包括大量非现金的物品和流程,如市场知名度、顾客满意度等表外项目资产,但它们最终会转化为金融价值。金融价值包括现金、股票与债券等流动性资源,这些都包括在收益表和资产负债表内。

分析人力资源的价值主要有以下几个方面：监控企业的状态；辨别需要重点关注的部门；发现影响企业的关键因素；预测劳动力水平；研究员工为什么选择留下或离开；使员工不断适应商业环境的变化。

（四）分析的作用

数据分为结构化数据和非结构化数据两类。金融数据大多是结构化的，而经济数据和无形资产数据主要是非结构化的，如图4-1-1所示。从工业革命以来，我们一直在关注结构化数据：成本、运营周期、产量等。但是根据IBM的研究，现在至少80%的数据是非结构化数据，包括图片、音频和视频等。随着社交网络的爆炸性增长，非结构化数据还会持续增长。而且，结构化数据和非结构化数据在相互融合而成为混合型数据。混合型数据是未来分析的关键，同时使分析过程变得更加复杂。这也是为什么分析是必不可少的。当我们面对复杂的混合型数据时，只有通过逻辑考证和统计研究才有可能透过现象看到本质。

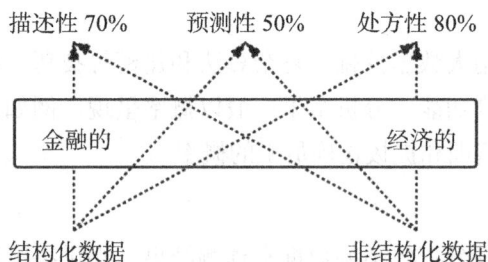

描述性 70%　　预测性 50%　　处方性 80%

金融的　　　　　　　　　经济的

结构化数据　　　　　　　　非结构化数据

图 4-1-1　分析与数据关系

和金融与市场领域一样，人力资源领域也一直在发生着变化，劳动力供给和成本、技能培训和领导力等都随着市场和商业需求的变化在持续地发生着变化，市场的变化、竞争对手的行为、新技术的出现等都可能导致上一年的招聘策略不再有效。随着经济的发展，获得和留住具有核心技能的人才变得越来越困难。这些挑战都需要我们运用分析来优化人力资源管理。

（五）分析的目的

数据分析的目的：助力 HR 服务智能化；进行深度洞察，通过数据驱动决策建议；促进个性化和精细化管理（见图 4-1-2）。

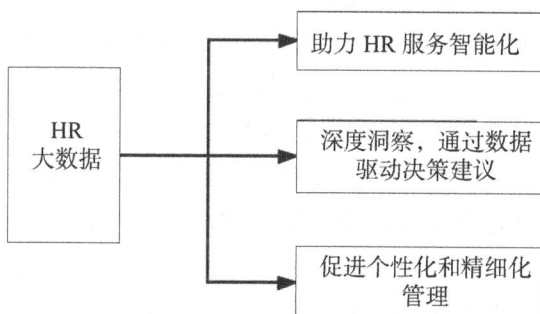

图 4-1-2　大数据分析的目的

（六）分析的价值链

经济和金融价值需要从一系列相关联的活动中获得。在现实中，这些活动像交流电一样在公司的战略规划和运营执行之间往返，如图 4-1-3 所示。战略管理链条开始于公司顶层的战略规划，需要回答的核心问题是如何创造收入。这个问题对所有的公司都适用，每个公司又有不同的答案。公司要获得持续的繁荣需要在投入资源之前尽可能地熟悉市场，这其中包括客户、竞争者、科技、政府政策、经济环境、劳动力市场及其他宏观条件。

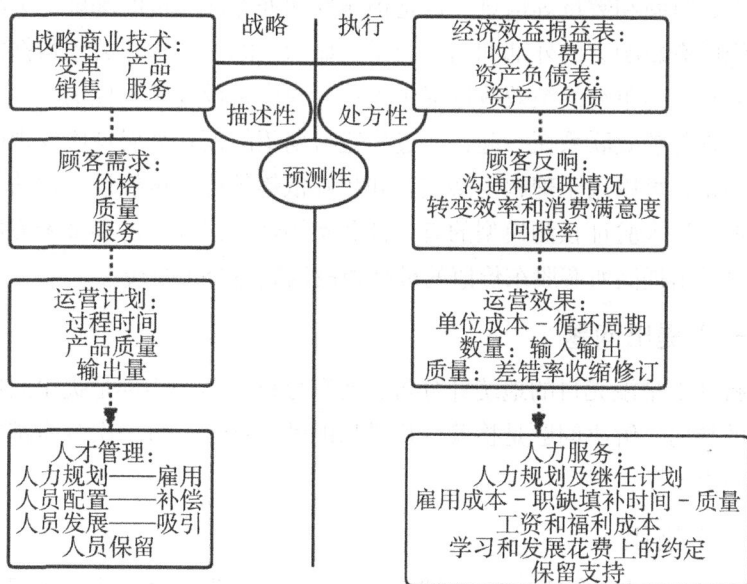

图 4-1-3　分析的价值链

管理能力也是企业的内化能力，包括企业的视野、领导力、品牌、文化、金融实力和员工能力等。根据双向评估结果，公司拟订计划通过产品和服务来满足客户的需求，下一步就是根据客户的需求和反馈进行实际的产品设计和生产。以上的公司运营都要靠人力资源来实现。

接下来，价值链将从计划层面转向执行层面。如果没有合适的人执行，计划将只是空谈。从这个角度来看，人力资源分析的目的在于发现劳动力管理的最有效方法、优化员工表现和留住人才。因此，人力资源部门有责任在招聘、薪酬、激励和维持人才等方面为运营主管提供支持。

本质上，分析是一种可以用来发现机遇、解决问题和预测投入产出的管理工具。和其他工具一样，能否被正确地使用和是否是一个好的工具是两个不同的问题。如果不想实际解决问题，任何工具都是没有作用的。因此，核心还是使用分析工具的人。

二、人力资源大数据分析模型

大数据分析层次可分为三个方面，共五个步骤。三个方面为描述性分析、预测性分析和处方性分析，五个步骤为组织、展现、关联、建模和评估。组织是将数据收集到数据库中并验证准确性，此时的数据是等待被应用的静态数据。展现指按类别显示数据，寻找明显的关联性和趋势（非预测），仪表盘和报告显示成本、时间和数量等信息，这是预测性和处方性分析的基础。关联指寻找影响组织的有影响力的外部和内部力量，显示人际、结构和关系数据之间交互作用的影响，为单纯的绩效改进提供支持。建模是设计预测性的实验，将人、政策、流程与绩效联系在一起，通过描述所期望的模式来展现所发现的相关性或因果关系，可以用于理解复杂交互和相互依赖的可测试假设。评估是用统计学或其他方法来验证预测模型的有效性和实用性，记录经济和金融方面获得的价值，显示出提高所有股东价值的最高和最低值的变化曲线。

（一）提出问题

分析并不是漫无目的地统计分析，所有分析的第一步都是提出问题。问题是分析的导向，解决问题是检验分析成果的唯一标准，每一次分析都要聚焦到具体问题上。

（二）组织

第二步是收集和组织信息，即组织人力资源数据。这一步原来很困难，因为大部分企业从建立到完善，都是先拥有研发部门、财务部门、产品和市场部门这些核心部门的信息系统，人力资源部门完善得较晚。大约在 1970 年后，人力资源信息系统和数据库才进入市场，之后陆续增加了保险、福利系统，而后是职业培训系统。但是这些信息系统大多独立存在，只能存储、更新本部门的数据，没有什么高级分析功能，无法进行跨部门或外接市场数据的分析。因此，如今建立人力资源分析系统虽然成本高、耗时耗力，但又是必要的。原有的信息系统再也不能满足当代喷发式人才市场中人力资源管理和配置的需要。

（三）展现

收集、整理完数据后，就要展现和查看了，现在企业一般采用仪表盘的形式来呈现人力资源的各项数据。仪表盘有快速聚焦关键数据、发现异常数据和数据关联等显著优点。但是，它依然属于描述性数据，体现了过去的状态和目前的趋势。至于趋势能否延续到未来，取决于环境条件和未来假设是否改变。

（四）关联

这一步是关注同类异源或异类数据之间的关系。前者是指比较本公司和其他公司的数据，一般是同行业的公司，如国内的竞争对手或其他国家的先进榜样。后者是比较不同类型数据之间的关系，如组织资本有人力资本、结构化资本、关系化资本三种。人力资本是公司的全体职工；结构化资本是公司的资产，包括设备、产品、专利、软件等；关系化资本指公司的关系网络，包括内部关系和外部连接。组织资本之间的关系如表 4-1-1 所示，一种类型的资产发生变化会影响其他类型的资产。

表 4-1-1　组织资本之间的关系

驱动	组织资本之间的反应
外部因素： 经济增速减缓 技术劳工短缺 技术进步 客户投诉 新竞争对手的产品 政府行为	人力资本→结构化资本→关系化资本 减少劳动力，廉价销售不动产，留住客户 开发新技能，转变管理风格，寻找新的加盟方 增加培训，投资新设备，重建供应商关系 聚焦服务，改造实体店，降低流失率 告知员工加速研发，加快产品上市时间 新的福利规定，生产使用绿色产品

驱动	组织资本之间的反应
内部因素： 新公司愿景 领导职位空缺 文化 品牌 资产	向员工解释，发布新标识广告 加快发展，扩大控制范围，实施评估 开始变革，重新设计工作流程，提升服务文化 定义员工，改善服务，发展新的供应商关系 冻结工资增长，控制成本，减少商务旅行

（五）建模

分析在这一步开始从描述性上升到预测性。利用之前的历史数据和关联分析，可以建立相关模型。例如，建立领导力模型，以对应什么才算领导力、如何培养领导力等问题。

（六）评估

在上一步理论建模的基础上，可以将实际情况与模型进行关联对比，找到实际最优对象，或考察事件发生概率，或明确调整的方向，进而确定相应的执行措施。例如，领导力模型的应用，是考察对象缺失领导力的哪些指标，作为接下来重点培训的内容。

建模是为了预测，执行预测后需对预测结果进行评估、验证。评估、反馈、优化、再测试、再评估可以是一个循环进行的过程。

（七）典型应用：员工流失分析

对员工流失率的研究是数据分析应用得最多的方面之一，因为分析所需要的数据都在人力资源的数据库中。员工信息包含原始信息，如入职时间、绩效报告、状态改变和离职时间等，这些数据可以用来研究员工留下或是离职的原因，但是鲜有研究人员对员工流失率对公司的商业影响进行深入研究。

利·布拉纳姆一直致力于员工保留率的研究。他把员工的离职原因归为67类。其中，因为个人原因的离职无法预防，例如，重新回学校学习或者家庭迁走等。不过有57种原因是可以预防的。利·布拉纳姆还指出，如果员工有四方面的需求没有得到满足，其离职的可能性就会增加。这四方面的需求是信任、希望、付出得到回报和能力得到认可。布拉纳姆进一步提出了相互独立的7大离职原因。

①岗位或职场离预期太远；

②员工与岗位不匹配；

③对员工的指导和反馈严重缺失；

④发展与晋升机会太少；

⑤感觉未得到重视和认可；

⑥因工作过度和工作与生活失衡承受了巨大压力；

⑦对高层领导失去信任和信心。

（八）关于数据分析的两个重要原则

重视数据标准和无形资产是关于数据分析的两个非常重要的原则。会计学设计了一整套标准去规范财务数据。如果没有统一的标准，财务报表将变得混乱和无法理解。最终，全球会统一使用一套会计学标准。人力资源迄今为止还没有一套统一的标准。但是建立一套行业标准确实至关重要。从20世纪80年代中期以来，人们已经掌握了人力资源管理过程中"有形"的部分，如招聘和培训的花费、薪酬、人力成本等。领导力、工作意愿、投入程度、企业文化、责任心、忠诚度、公司品牌是人力资源的无形资产，现在应该更加关注"无形"的部分，对"无形"部分的优化能够为公司持续地创造价值。

三、人力资源大数据分析路径

利用大数据进行分析先要明确目标，即向上层汇报什么问题；接着通过大数据挖掘获得一系列相关数据，如人员的社交行为、购买行为、文娱行为、经济状况、身体状况、信用状况、位置信息等；再通过关联、建模来分析过去的事件、背后的原因和发展趋势，对未来做出一定预测，为决策层判断、预防和干涉提供条件（见图4-1-4）。

然而实际操作数据时会遇到一系列问题，这里就数据的处理流程简单进行讨论。

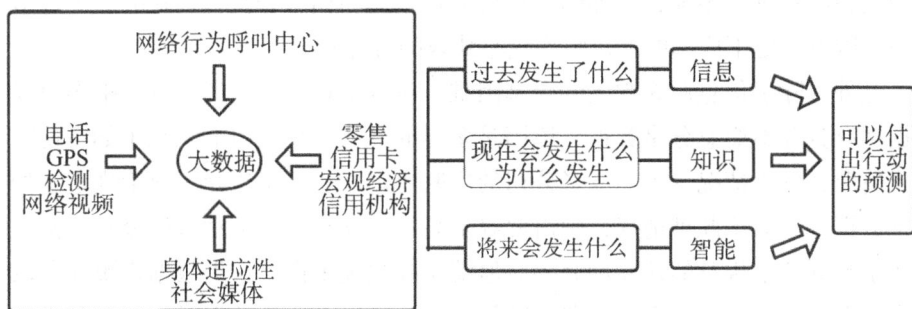

图 4-1-4　人力资源大数据分析路径

（一）数据的来源

一直以来，数据的采集是较为困难的一步。随着人力资源信息系统、IT 部门提供的技术和人力资源共享服务中心的发展，数据获取有了一定的操作空间。但是如何从正确的数据源提供方，以合理的方式获取数据仍是一大难题。

首先，大部分公司的人力资源信息系统由 IT 部门部署，所以可以从人力资源部门或 IT 部门获取特定公司的人力资源信息。但是，眼下大部分公司的信息系统还未形成内部贯通的人力资源整合体系，更多人力资源数据还零零散散地分布在其他系统中，没能有效利用起来。表 4-1-2 展示了要完成数据分析所需的不同数据源。

表 4-1-2　数据来源

效率	效力	产出
人力资源信息系统	评价体系	业绩评价系统
营业请购单数量	学习满意度	生产速度
补充空缺职位时间	评估结果	生产率
与职位相关的酬薪	业绩评估系统	质量体系
财务系统	业绩等级	失误率
雇用新员工的成本	高潜人才鉴别	客户服务或管理体系
培训新员工的成本	人力资源信息系统	顾客忠诚度
—	一个季度或一年营业额	销售额
—	丢失的生产能力（薪水 × 没有工作的时间）	客户管理 / 财务
—	—	税收 / 实习生

其次，不同公司信息系统的成熟度有差异。较成熟的公司能随时更新、汇总、调用其各项数据，不那么成熟的公司可能在数据归档、分类、查找的某个环节有一定困难，更不成熟的公司则连核心绩效的统计和记录都不完整。

此外，除了信息源客观上的分享困难，还有主观意愿上的困难。很多时候数据拥有方并不愿意分享数据。原因是多样的，如保护用户的隐私（如身份、收入情况、健康情况等），或者公司的保密协定，或者是法律、政策规定下的敏感数据等。对于此种情况，则需要寻求高层的支持，来推动数据分享，甚至有待于数据共享规章的建立和完善。但就实际状况来说，这类数据资源能获取的十分有限，包括开采需要花费的额外成本。所以在收集数据时，要对各类数据的获取风险、难度和成本有一个综合考量，但在建模初期只需要一定量的样本就够了，模型建成后还能不断充实数据样本来调试。

（二）数据的处理

总体上，数据处理分为四个步骤：描述、解释、预测、优化。

1.描述

一般采用简洁明了的统计词汇，如频数、平均值、标准差等，来描述公司的人力资源状况，常见的有平均薪资、请假人数和天数、产值变化幅度等。或者使用统一分类来囊括多项指标，如将绩效分为 A、B、C、D 四级，便于管理者直观地了解员工总体绩效。

2.解释

将数据展示出来后就需要分析、解释，探究数据之间的关系、出现异常数据的原因等。例如，某岗位序列上的职工技能有高低之差，而他们技能水平和绩效水平呈正相关。

然而，很多时候暴露出的问题比表面所见复杂得多，如果不挖掘背后各项因素的关联就无法解释。例如，关于人员流失率高的问题，我们需要一步步考察：流失率较往年同比涨幅多少？流失的多为哪一类员工？处在什么职级？为什么离开？有什么影响？有哪些离职因素是可以人为控制的，哪些影响是可以人为缓解的？进而把降低人员流失率这个抽象目标分化为一些可以具体执行的小目标，如加强对员工的关怀、优化管理、降低成本等。纳入数据运算的指标可能很多，包括人力资源情况、运营情况、顾客状况、政策法规、天气环境等，如果目标不明确、逻辑层次不清晰，则很容易迷失在数据的海洋中，浪费了时间精力而事倍功半。

3.预测

利用一些统计算法和综合建模，可以有预测未来的作用。常见算法有方差分析、相关性分析和回归分析等。方差分析是查看不同对象与标准值的偏差程度，如薪资波动幅度、请假率波动幅度等。相关性和回归分析则是探究不同变量之间的关联程度，如公司运营状况与员工离职率之间的关系。

4.优化

建立预测模型后，就要通过实测检验来调优。例如，对于优秀绩效模型，在控制一个或多个应变量的前提下，改变自变量，或反之，检验预测结果是否符合实际，再根据反馈来增减应变量。完善绩效模型的同时，公司也能明确调整哪些客观因素有利于提高整体绩效水平。

优化和调控的方式多种多样。如以下的情况：员工培训的预算减少了，但是目标没有改变，每年培训 X 名员工，在为期一个月的培训期内让员工熟练掌握所需技能。在这种情况下，效率就受到了影响。员工培训负责人需要根据预算来调整课程内容。这可以通过增加低成本的在线课程或者减少昂贵课程来实现。这样的改变导致的结果可能是员工培训参与度的降低，因为培训过程中面对面的交流减少了，课程数量的减少可能导致培训质量的下降。这些结果都需要实践数据的反馈。

（三）数据的格式

数据用以保存、传输和运算的格式有很多，而且还在不断增加，常见的有 CSV、HR-XML、HTML、MS Access、MS Excel、SQL、SPSS、TEXT、XML 等。人力资源信息系统一般使用 SQL 来存储数据，HR 专业人士则采用 MS Access 和 MS Excel 来编辑、操作数据。多种多样的数据类型要求使用方有整合各种格式的信息系统和专业能力。

（四）数据的质量

数据质量关系到数据分析结果的准确性。因此在分析数据前，需要检查是否有数据缺失和数据错误等基本问题。

首先，要检查数据集的完整性。如果缺失数据的比例较小，对分析结果的影响小，可以忽略不计，但如果缺失的比例较大，则应该将数据集不全的变量删去，暂不分析该变量的影响，另外对大面积缺失的原因加以调查。

其次，要重点关注数据错误的情况。数据错误包括但不限于录入错误、拼写错误、排列错误、数据库错误和系统性错误。前两种较为常见，通过文档自检和测误软件能筛查出一部分，而且拼写错误的容错率较高，多数时候不影响数据分析结果。排列错误是整合数据时，由于变换了表单结构而导致的条目错位。数据库错误是在导出数据时由于格式问题、识别问题、运算差错等导致的报错；包括分析过程中的其他系统性错误，当个人无法修正时，应向 IT 部门寻求帮助。

（五）数据的分析

在数据的分析这一环节，分为制表、建模、搭建仪表盘和数据可视化等步骤。常用的数据分析成熟度模型如图 4-1-5 所示。

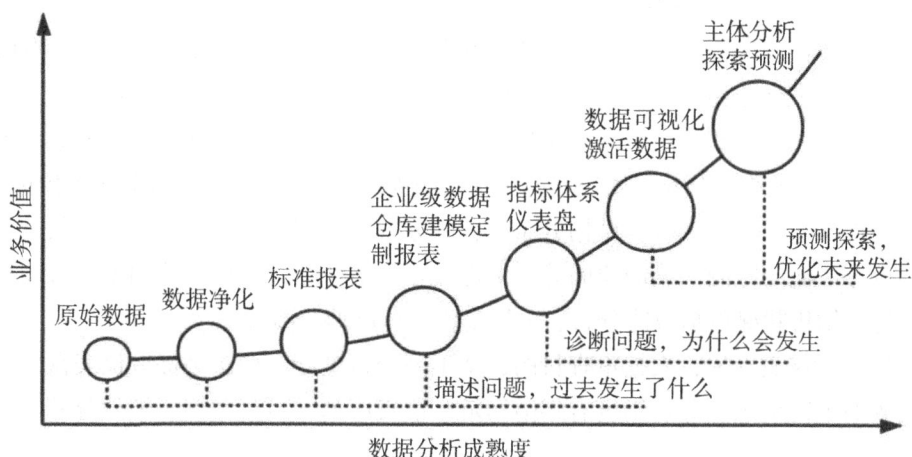

图 4-1-5　数据分析成熟度模型

1. 数据采集

数据采集就是前文提到的数据获取和数据净化，难点在于打破获取壁垒。一方面需要打破人力资源部门、IT 部门、财务部门和人力资源共享服务中心等部门的信息壁垒，另一方面要打破招聘、试用、培训、绩效考核等各个环节的信息壁垒，多方采集。获取数据之后进行基本的失误排查，确保数据的有效性。

2. 报表制作

将前一步获得的数据整理制作成一系列报表，如入职信息表、在职信息表、离职信息表、各序列员工人数表、薪酬明细表等（见图 4-1-6）。有的报表可以直接从 e-HR 系统中导出，有的需要二次汇总、加工等。

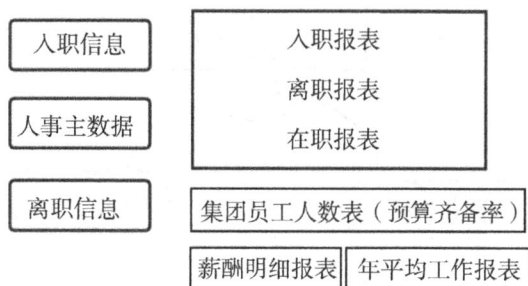

图 4-1-6　自定义明细报表

3. 指标体系和仪表盘搭建

制作报表后，从基础报表中提取相关指标，建立人力资源指标体系。例如，人力资源指标分为组织概况、入职状况、人力现状、离职状况、关键人才、销售状况六大类。其中组织概况包括总人数、各部门平均工资和绩效、各职级人数占比、离职率等指标；入职状况包括入职人数、职能分布、薪资分布等指标；人力现状包括在职人数、结构分布、晋升分布等；离职状况包括离职人数、部门分布、流动方向、离职原因等；关键人才包括业绩、薪资变化幅度、流动历史等；销售状况包括效能分布、单量变化、负反馈分布等。

搭建仪表盘后，根据审查目的，从不同分析维度、层次去提取仪表盘中各图表的关键信息。分析维度有年龄司龄、层级序列、员工类型、绩效分档、渠道原因等。

4. 数据可视化

数据可视化可以使统计结果更加生动形象，借助图形，甚至动态模型，表现出数据与数据之间的多维关联，将复杂信息清晰直观地呈现，会更利于观众记忆。

5. 主体分析

主体分析需要 HR 在数据资料的基础上，对主体对象进行高级的人工分析考察。主体分析有确认型、聚类型和关联型分析三类。确认型即前后验证，如新员工入职后的工作表现是否符合之前的面试成绩；聚类型即概括归类，如晋升速度快的员工有哪些共性、哪一类招聘源的人才工作表现最好；关联型即在多个指标之间寻找关联，如哪类员工在哪个阶段会遇到发展瓶颈等（见图4-1-7）。

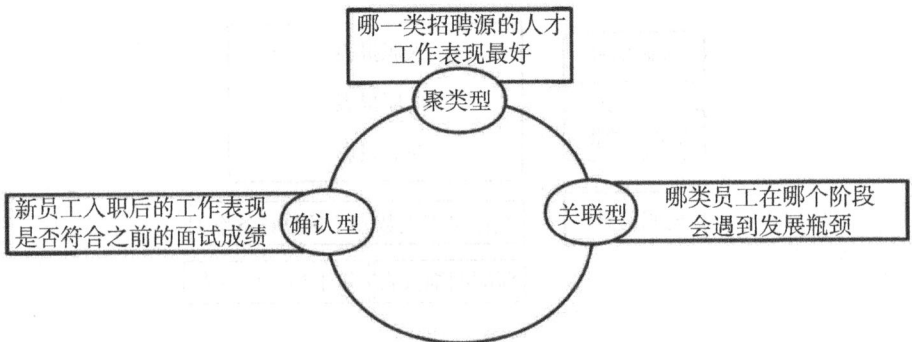

图 4-1-7　数据可视化

总体而言，大数据预测分为三层。

大数据预测技术，打个比方，就像医院的化验一样，做血常规和做核磁，虽然呈现的形式不一样，但无论化验单上的数字反映是"＋"号还是"－"号，指标上升还是下降，图谱正常还是异常，其目的都相同，就是找出"病根""病因"，对症下药，才能药到病除。

第一层：HRBP（人力资源业务合作伙伴）就相当于医生，拿到大数据预测报告后，结合自己掌握的员工实际情况，开出"处方"。

第二层：建立员工标签体系，分为官方标签（HR、主管赋予的标签以及员工获得的奖惩），民间标签（互评），隐形标签（大数据分析行为得到的）。大数据技术与标签体系结合，直接给 HRBP 输出建议报告（"处方"）。

第三层：建立神经网络体系，利用人工智能，在合规合理的范围内，建立全面人才数据分析模型以及决策支持系统，直接开出"处方"。

四、人力资源大数据指标体系

在数据分析的前期准备工作中，统筹整理是一大难题。从大量杂乱、分散的信息中抽取有效成分，作为高级算法分析的基础，是需要重视的任务。就人力资源数据管理而言，75% 的人力资源部门没有使用人力资源矩阵等理论工具，对数据实施系统化、规范化的分类和采集。只有前期设定整齐、全面的标签门类，后期的归类、抽调、增减等机器操作才能事半功倍。下面以人力资源指标体系的建立为例，详细谈谈如何由粗到细地设定指标。

（一）人才管理指标体系

人才管理指标体系分为人员结构、人才队伍、人员状态和人员职能四类。

1.人员结构

人员结构方面的指标包括：员工总人数、正式员工人数、实习员工人数、人员齐备率、重点人才占比、离职率、年龄分布、学历分布、职位分布以及各项人数、占比的年度变化趋势等。

2.人才队伍

人才队伍方面的指标包括：人才储备的完整率，储备人员的年龄、性别、学历、绩效分布，兼职合同人员占比以及合同续签率等。

3.人员状态

人员状态方面的指标包括：健康状况、婚姻状况、专业水平、特长爱好、地区位置、适岗指数、离职概率等。

4.人员职能

职能类别体系包含专业序列、管理序列、营销序列、支持序列，相关指标包括：各序列人员分布、重点人才人数分布等。不同公司的具体职能序列根据行业、公司的性质而定。

（二）人才运营指标体系

人才运营指标体系分为招聘、培训、绩效、薪酬和离职五个分系。

1.人力资源运营管理指标体系——招聘

招聘方面的指标较为丰富,包括: 招聘成本、招聘渠道、招聘类型、招岗数量、简历总数、简历筛选指标、内推指标、招聘渠道有效性和招聘人才有效性等。

2.人力资源运营管理指标体系——培训

培训方面的指标主要包括：培训需求分布、讲师队伍结构、培训费用总额、人均培训费用、培训费用占薪资的比重等,其适用场景及获得方式详见表4-1-3。

表 4-1-3　人力资源运营管理指标体系——培训

模块	指标	指标适用场景	获得方式
培训	年度培训费用预算	反映年初公司对培训的费用预算	统计
	平均学习时长	反映员工的学习平均时长	员工在度学堂上的学习时间总和/在度学堂上学习的总人数
	培训需求分布	反映员工培训的不同需求点，培训需求分布指标可以指导以后的培训内容安排	调查问卷
	年度外聘讲师队伍结构	反映外聘讲师队伍的多样化	统计
	内部讲师队伍结构	反映内部讲师队伍的多样化	统计
	培训费用总额	反映年度内公司为员工培训花费的总支出	统计
	人均培训费用	反映公司为每个员工花费的培训费用	年度培训费用总额/年度平均在职人数

模块	指标	指标适用场景	获得方式
培训	培训费用占薪资的比重	反映年度培训费用占年度薪资总额的比重	年度培训费用 / 年度薪资总额
	人均培训次数	反映年度内员工所接受的平均培训次数	年度内员工参加培训总数 / 年度平均在职人数

3. 人力资源运营管理指标体系——绩效

绩效指标主要包含括：低绩效人数占比、离职员工绩效分布、调岗员工绩效分布、绩效申诉比例等，其适用场景及获得方式详见表4-1-4。

表4-1-4　人力资源运营指标体系——绩效

模块	指标	指标适用场景	获得方式
绩效	低绩效人数占比	反映目前企业中低绩效员工的人数占比	连续两年年度绩效为4或5的员工人数 / 总人数
	绩优股人数占比	反映企业中绩效优异的员工人数占比	连续两年年度绩效为1、2的员工人数 / 总人数
	离职员工绩效分布	反映年度离职员工的绩效在各等级上的人数分布	统计
	调岗员工绩效分布	反映年度调岗员工的绩效在各等级上的人数分布	统计
	绩效申诉比例	反映绩效管理制度和绩效文化执行得是否完善	期间人员绩效申诉总数 / 期间参加绩效考评的员工

4. 人力资源运营管理指标体系——薪酬

薪酬指标主要包括：地区及行业薪酬水平、年度薪酬预算、薪酬总额、福利总额、福利构成、月人均薪酬等，其适用场景及获得方式详见表4-1-5。

表 4-1-5　人力资源运营指标体系——薪酬

模块	指标	指标适用场景	获得方式
薪酬	地区薪酬水平	用于分析企业所在地区的总体薪酬水平	调研报告
	行业薪酬水平	用于分析行业的薪酬状况	调研报告
	消费者价格指数趋势和行业薪酬水平趋势的相关性	用来在宏观层面指导公司的薪酬战略	某序列员工薪酬总额 / 该序列员工总人数
	年度薪酬预算	基础指标	统计
	薪酬总额（年 / 季 / 月）	基础指标	本年内员工的薪酬总额（基薪 + 奖金 + 股票）
	福利总额	反映员工关怀和员工福利的支出总额	本年度内用于员工福利的支出总额
	福利构成	基础指标	统计
	月人均薪酬	反映公司内部月度人均薪酬支出	月薪酬总额 / 员工总人数
	月人均薪酬增长率	反映月度人均薪酬支出的增长幅度	（本月人均薪酬 − 上月人均薪酬） / 上月人均薪酬

5. 人力资源运营管理指标体系——离职

离职指标主要包括：年度离职率、月度离职率、最近离职关键人才数、月离职正式员工占比、月离职员工绩效分布等，其适用场景及获得方式详见表 4-1-6。

表 4-1-6　人力资源运营指标体系——离职

模块	指标	指标适用场景	获得方式
离职	年度离职率	反映当月之前 12 个月的离职人数占当月之前 12 个月的平均人数的比值	当月之前 12 个月的离职人数和 / 当月之前 12 个月的月平均人数
	月度离职率	反映月度离职人数占当月平均在职人数的比值	月度离职人数 /（月初在职人数 + 月末在职人数）/2
	最近离职关键人才数	反映当年 1 月至本月的关键人才明细	统计
	月离职正式员工占比	反映当月离职的正式员工占比	月离职正式员工 / 月离职总人数
	月离职员工绩效分布	反映月度离职员工的绩效分布状况	举例：绩效为 3 的离职员工占比 = 月离职员中绩效为 3 的人数 / 月离职总人数

（三）人力资源组织效能指标体系

人力资源组织效能指标体系主要包括成本和收入，其适用场景及获得方式详见表4-1-7。

表 4-1-7　人力资源组织效能指标体系

模块	指标	指标适用场景	获得方式
成本	年度人工成本总额	反映企业对员工工作和生活的支出总额	薪酬总额＋五险一金＋员工关怀支出
	人均人工成本	可以分析企业间人工成本的结构差异，为调整人工成本提供参考	年度人工成本总额/年度平均在职员工
	人均人工成本增长率	反映人均人工成本的变化趋势	（本年度人均成本－上一年度人均成本）/上一年度人均成本
	人工成本含量	反映劳动效率状况	人工成本/总成本×100%
	人力成本预算执行率	反映人力成本预算发放进度，可以监控预算执行情况	发生额/预算额（可按照时间选择）
收入	人均收入	基础指标	年度总收入/年度内平均在职人数
	人力资本回报率	反映投向人力资本薪酬福利方面的每一元钱所创造出的利润情况	[营业收入－（营业支出－薪酬费用－福利费用）]/（薪酬费用＋福利费用）
	人均净利润	反映人均贡献净利润的能力	年度总的净利润/年度内平均在职人数
	人力资源比率	反映人力资源职能服务覆盖的宽度情况	人力资源序列员工数/总人数

五、人力资源大数据分析的组织环境

组织环境是数据分析的执行条件。组织环境包括三个层次的目标：首先，用数据分析解决实际问题，如提高人才挖掘效率、降低员工流失率等。其次，建立独立的分析部门和分析团队，就利害关系与人力资源主管和公司高层沟通，尽量争取高层的支持，减少执行障碍。最后，将数据策动发展为企业文化的一部分，在享受到数据分析的益处后，将智能分析系统不断升级优化，作为各个部门调查、决策的辅助工具。

（一）相关部门及高层的支持

数据分析团队不同于一般的项目团队，因为它需要接触的资源来自各个部门，甚至公司外部的广大平台。公司内部多部门信息的获取需要高层的批准，而外部一些有价值的数据源也需要高层的援助来打破壁障。所以，实际建立团队前，最好先获得人事部门、财政部门主管以及其他相关高层的支持。如果需要借用其他公司的非公开数据库，甚至需要提前和其他公司的高层做好沟通，建立良好的合作关系。

要想打动高层，需要指出共同目标和利益，需要提供让对方信赖的证明，如合理的计划方案和预算方案，还需要适当的社交技巧。如何引起高层对人力资源数据分析项目的兴趣，从而愿意投资和支持？这就需要我们将项目的优势联系到高层所关心的问题上。在21世纪，全球经济形势多变，竞争异常激烈，公司高层面对着复杂多变的环境。对公司高层来说，最常见也最根本的关注点是如何提高公司的收益，但不同的公司和高层人士也有不同的计划和侧重点，这就需要事先做好调查功课，在申报时"投其所好"，同时将数据分析项目的价值和意义有针对性地展示出来，令对方信服。

（二）分析团队的组建

组建数据分析团队是对人力资源部门的一种拓展和补充。在视野上，它扩展了人力资源的狭隘定义和范围；在功能上，它发挥了大数据采集、分析、监控、执行、报告、预测等多项高级功能；在关系上，它将传统人力资源部门与技术、财务等其他部门的信息库连接、整合、贯通起来，有利于公司信息的一体化、标准化、集成化。

分析团队需要适应公司的组织架构，熟悉公司的文化和流程。所以，团队成员既要了解公司的业务，又要具备数据分析技能。这种综合型人才较为稀缺，可能要从原来的技术部门调一部分。

实际的团队组建分为十个步骤：

①制定总目标和短期目标。

②制订标准，统一规范。对术语、标签、职务分配等统一叫法，提高操作的方便性和专业性。

③设计报告大纲。

④根据调查目标完成数据架构。

⑤制订大数据采集的预算方案，包括软件、服务、有偿数据库等，提交审批。

⑥获得公司高层及相关部门的认可和支持。

⑦运作分析流程，在实践中加以优化。

⑧取得分析结果，测试验证。

⑨解决意料之外的其他问题。

⑩交付分析报告，协助上层决策。

（三）数据驱动的公司文化

分析系统和分析团队从组建之初到获得成效和认可，再到推广应用到公司内其他部门和项目的运作中，成为公司的一种整体文化，是一个长期的过程。这个过程需要投入相当的资金、人力和物力，要求推动者既有心理准备，又有坚定的信念。

第二节　人力资源大数据应用场景

人力资源管理的常见模块有人力资源规划、选才招聘、职工培训、绩效管理、薪酬统筹、关系维护等。在当今时代，以上每一项内容都可以运用大数据相关技术，取得更好的功效。而企业在条件允许下也应当积极应用，使人才管理不落后于市场水平。本节主要从"选、用、育、留"四个环节的主要应用场景展开论述。

一、应用场景之——选（招聘场景）

（一）人力资源供需规划

当今时代正由互联网时代向人工智能时代过渡，具有人才之间、企业之间竞争激烈，人才流动性大，企业结构转型升级，多样化发展等特点。如何提升招聘效率和质量，为企业增添动力和活力，是一个绕不开的话题。首先，企业要做好人力资源规划。基本每个财年的最后一个季度都要开始做下一年的人力资源规划，并根据对各季度的总结和反思，以及各级组织、业务的变化来调整计划。这样才能保证人力供应与企业的实时需要相匹配。

传统的人力资源规划通常采用趋势预测法和成本控制法。趋势预测法是通过综合分析历年的用人情况，如职工总数、职位分布、地域分布、晋升情况、离职情况等，对人数的波动情况做出线性统计和预测，得出用工量上升、下降或持稳的趋势，为当前的招聘工作提供参考。成本控制法则是从用人总成本出发，来反推招聘数量。用人成本包括基本工资、五险一金、奖金、调薪、培训

费用和其他福利支出。总预算需要根据各级部门和职位的单位用人成本和最低人数需求，来统筹招聘人数的范围。

这两种方式，单独或结合使用（即人头、成本双控）都显得机动性不足。如今通过大数据挖掘技术，在实时分析、月度总结、季度调控上，都能做到更智能化，也更精确。

大数据技术一方面对员工结构、人力成本、绩效和动向等内部信息建模，分析出需求结构；另一方面对外部统计数据、社交数据加以整合提取，分析出人才供应结构。两相匹配，并模拟匹配后的适用情况，进行风险评估，最终生成人力资源供需分析报告，成为决策者的有力参考依据。

这样的数据源有很多，如猎聘网，2019年它基于11类行业（及众多细分职位）的4700多万人才的大数据，生成了年度行业人才分析报告。其中有地域分布、行业分布、薪资分布、流动方向和人才画像等多个方面的分析图表，为大小企业对比自身用人结构、调整人资规划提供了有效支持。

（二）求职与招聘自动双向匹配、智能评估

传统的网上招聘平台有两大缺点：手动匹配和模糊检索。求职方和招聘方都需要在搜索框中输入关键字，来查找需要的岗位信息或人才信息。首先，由于信息发布方和搜索方有时间差，不能保证单次搜索时收集到所有实时发布的有效信息。其次，模糊检索的性质增加了人力和时间成本，需要从大批量的信息中一一筛选、人工提取符合要求的，搜索效率不尽如人意。

大数据算法通过标签分类，将关键指标量化，再和人工发布的信息进行加权匹配，然后利用记忆库等数据库综合调优，便能对求职和招聘信息实现自动匹配。招聘平台凭借智能评估，能够为求职者推送适合的岗位，或为招聘者推荐适合的人才。自动过滤掉匹配率低的信息，实现了对双方需求较为精准的定位，可以为双方做出有针对性的宣传，大大提升了求职招聘的效率。

上述关键指标包括：求职方的指标，如学历（本、硕、专等），专业（文科、工科、商科等），技能（外语等级、其他资格证等），工作经验（应届、工作2年以上等），工作意向和地点意向等；招聘方的指标，如学历要求、专业要求、技能要求、经验要求、地点要求、年龄要求等。这些指标可以由发布方手工标签，也可以由系统根据信息中的关键字自动标签，同时提取相关公司的在职员工或相关行业的优秀人才的特征标签作为参考。

此外，大数据匹配算法还具有自我学习、自我优化的功能。当搜索目标变化或匹配库中的数据更新时，还能根据搜索历史、人才储备、信息热度等修正指标，不断提高匹配的精准性和推荐的契合度（见图4-2-1）。

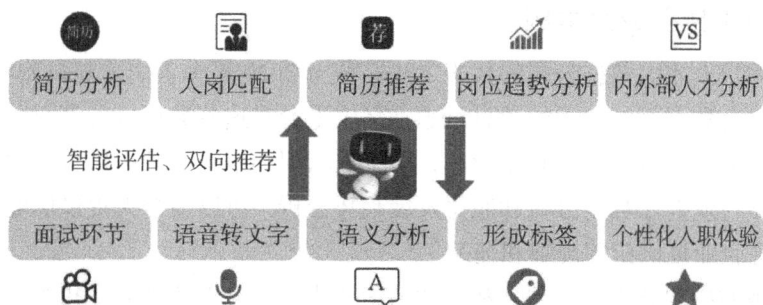

图 4-2-1　双向匹配

（三）优质人才自动识别

大数据能够提取绩优员工的特征，形成各行业各职位序列的人才画像，将其与人才库进行匹配，根据匹配指数识别出高潜力、高契合度的候选人，这成为用人单位选用人才的最快途径之一。

（四）招聘漏斗各级效率提升

大数据技术在招聘渠道、招聘进展（漏斗分析）、招聘来源（人才雷达地图）等方面都可以发挥很大作用，从而达到多（招聘人数多）、快（时间短）、好（人才优秀）、省（效率高）的目的。通过准确的甄选评测工具、正确的操作流程、合适的面试官、适当的技术等的结合，可以将最优秀的人才招聘进来（见图 4-2-2）。

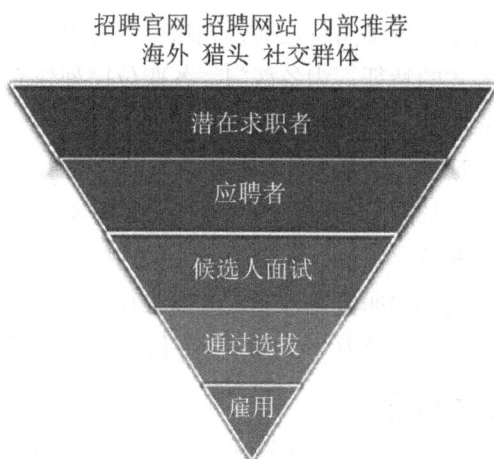

图 4-2-2　招聘漏斗

（五）典型应用案例

猎聘是人才大数据公司的代表之一，截至 2020 年个人用户超过 6000 万，职位信息有数百万，每天的消息日志上亿。平台对这些数据进行汇总、挖掘，能够分别形成智能人才库和企业库，为个人求职和组织招聘提供各类服务。例如，依靠行业人才数据分析和职位发展趋势分析，可以为个人提供职业规划和建议，为企业提供招聘规划和辅助。

常规的招聘分为人才规划和人才搜索两步。对于人才规划，猎聘会定期生成人才趋势报告，便于企业了解各个行业的人才分布和动向。对于人才搜索，猎聘的"机器伯乐"系统会自动向企业推荐匹配度高的人才，同时向求职者推荐匹配度高的职位，为企业随时发现优质人才和人才随时发现更优岗位提供了许多机会。另外，猎聘的职业社交频道作为人才展示和自荐的渠道，也为 HR 提供了一定的参考。

通过大数据、推荐算法、机器学习等技术，猎聘除了为个人和企业用户指导方向和相互推介外，还有一项猎头服务。同样基于智能匹配功能，其"面试快 / 入职快"的猎头众包服务能为企业快速匹配相应的猎头。这样，通过把控人才、猎头、企业三个环节，实现全方位的自动互相匹配，猎聘帮助整个招聘市场提高了甄选效率和质量。

二、应用场景之——用（职业发展场景）

（一）人才画像

首先，在任用人才、安排岗位之前，先从企业历史员工库和行业大数据人才库中抽取高绩效人才的特征，为各部门、各职位序列建立适岗人才画像，作为今后调岗的参考依据之一。

其次，为每个员工建立标签体系，对其职位、级别、技能、绩效、调薪幅度、晋升速度、360°评估结果等打上标签，形成人才画像。然后将其与适岗人才画像进行比较，得出职位、技能、薪资等方面的匹配度，形成整体的适岗匹配度模型。另外结合市场热门职位和各职位的多维比较分析，最后生成对员工职业发展有实际指导意义的、较为全面的综合评估报告和建议。

（二）敏捷绩效场景

员工是企业的主要生产力，绩效管理则是企业价值输出的导向。传统的半年度或年度 KPI（关键绩效指标）考核显示出明显的局限性，在如今的移动互联网时代，OKR（目标与关键成果法）、阿米巴、合弄制、人单合一等管理模式已悄然风行。基于观念的转变和技术的支持，许多公司摒弃了排名和强制分布的管理法，转而采用敏捷绩效。让员工与经理随时随地通过 App 沟通，即时反馈和调整目标，同时获得同事、客户等的评价和专家的意见，而短期反馈结果不与调薪、晋升等直接挂钩。这样能更有效地把控员工的发展趋势，调动员工的积极性，以及获得最大化的价值输出。

　　无论是可以量化的目标完成情况，还是不能量化的能力、价值观等，都能以大数据和 NLP（神经语言程序学）技术建模来分析。通过对比工作表现、合作情况、沟通情况、舆情监督等数据情况，综合定量与定性分析结果，找到提升职工业绩的因素，为企业更高效、科学地管理人才和提高效益建立基础。OKR 最早应用于英特尔、谷歌，之后微软、通用电气、德勤、IBM 等龙头企业陆续推行敏捷绩效，如德勤的绩效快照等。

三、应用场景之——育（培育场景）

　　在当今时代，智能终端普及，移动应用遍地开花，学习模式早已突破传统的时间、空间和形式限制。远程网课、直播、云化学习资料和记录、个性化课程推荐等，使如今的学习环境更自由自主，教培市场的竞争也更激烈。

　　其中，大数据的应用对移动学习市场（如职场技能培训）的繁荣功不可没。这里以个性化课程推荐为例，简要谈谈大数据发挥的作用。

（一）用户建模和标签

　　通过用户学习过程中使用的资源、行为、交流圈子等记录提取特征，概括为标签，进行偏好建模。特征包括用户类型、学习目标、学习风格、常用途径、社交圈等，以此挖掘用户的潜在偏好，并预测其学习方向，为个性化课程服务奠定基础。

　　具体需要收集的用户数据有：基本注册信息如姓名、年龄、性别、部门、岗位等；浏览、收藏、回看、下载、点赞、转发、评论等情况；课程完成度、历史课程和预订课程等。将这些信息归类整理、深度分析，会形成若干用户偏好标签，从而对其需求进行定位。

（二）课程标签

　　为了对课程资源进行高效管理和调用，需要根据学习地图，对其分级和标签化。官方标签有通用类、专业类、PPT 演示类、直播类等，还可以根据专题或讲师来分类。普通用户也可以根据自己的理解加上民间标签，来补充和拓展课程的属性。

（三）个性化推荐课程

有了课程标签和用户标签，就能通过智能匹配，为职工推荐个性化课程。实际推荐时，有些用户可能并不接受，原因有多方面，如竞品的影响等，但是不排除机器推荐本身的不足，可能是没能正确判断用户的心理偏好，这就需要对用户的学习习惯和风格不断进行分析，机器不断自我学习和更新，最终达到贴合用户需求，甚至开发其需求的程度。

四、应用场景之——留（离职场景）

（一）离职管理

对于企业来说，除非主动裁员，否则更换员工还是要耗费一定成本的，将近员工年薪的五分之一。"留"人虽放在"选、用、育、留"的最后一环，但其辐射着其他三个环节。如果这一环节失败，将直接导致前面三个环节的损失和浪费。

降低员工离职率可以从离职关怀和离职管理两个角度入手。前者是为吸引老员工回归，是对已失人才的补救；后者是为降低人才流失风险，是对在职和潜在员工的激励。离职管理作为人力资源管理的一部分，也是企业文化和形象的体现。

（二）离职预测

员工的离职因素有很多，总体分为薪酬福利、晋升轮岗、工作压力、办公环境、个人发展、培训学习、文化氛围、外部热点八个方面。从主观方面看，有年龄、司龄、薪酬、福利、能力水平、学习机会、发展规划、家庭背景、心理认同感等；从客观方面看，有工作压力、同事压力、上下级关系、企业文化、组织安全感、外部工作机会、市场热点、外部薪酬水平等。员工离职的原因多样，而且因人而异。

由于客观环境等外因是短时间内无法改变的，这就需要重点把控员工的内因，根据其异样表现来判断离职心态，如工作效率降低、内部埋怨多、隐私电话多、请假率高、网投简历等。

结合员工信息和大数据记录，通过多元回归和建模分析，可以预测员工的离职概率，将其汇报给经理或 HRBP，让其对离职概率高的员工采取预警措施，如沟通、加薪、调岗等挽留举动，或提前补充预备人力，将对工作和公司的影响降到最低。为了更客观、更准确地反映离职趋势，需要对员工模型不断细化、优化，也需要结合实际情况对数据进行筛查、甄别，降低误判率。

（三）预测途径

对于离职的定量预测，是将员工的各项人力资源指标结合历史离职情况和外部舆情背景，推导出各指标的离职指数，再用回归算法推出总体离职概率。其中采用的数据包含外部数据和内部数据。外部数据是通过爬虫技术获取的对象社交数据，如在账号一体化的网站、移动平台上的活动记录；内部数据是从各个部门调用的对象信息。

首先，人力资源指标可以细分为考勤情况、参会情况、在岗时长、加薪用时、晋升用时、业绩波动、请假频率、客户投诉率等上百种，归结为工作压力、薪酬福利、晋升轮岗、个人发展、办公环境、培训学习、文化氛围和外部机会八个维度（见图4-2-3）。

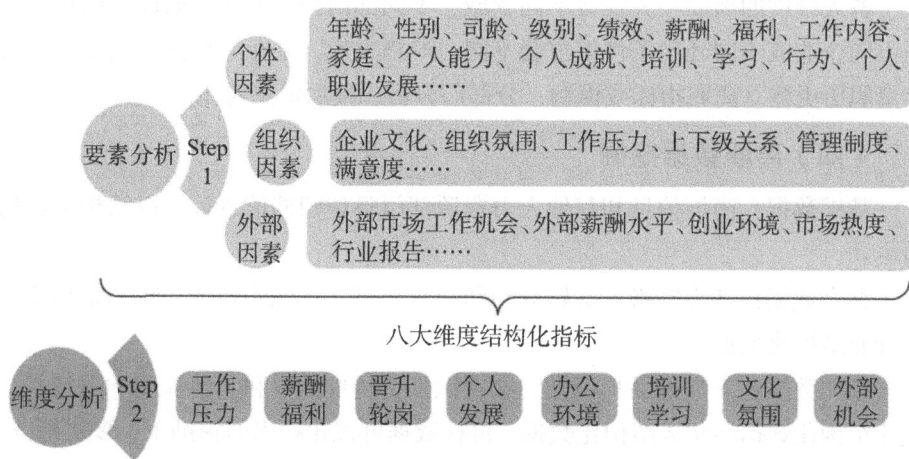

图 4-2-3　八大维度结构化指标

其次，将八个维度两两进行相关性分析，一方面查看各维度之间的相互影响程度，是否有明显的正负相关；另一方面看各维度与离职指标的相关性，是否有明显的正负相关。通常来说，工作压力、外部机会与离职指标正相关；薪酬福利、晋升轮岗、培训学习、文化氛围与离职指标负相关；个人发展、办公环境则不一定，可根据正负相关结果推测出它们是促进员工离职还是有助于挽留员工。

最后，用多元回归法分析出各维度与离职指标的关联程度，按关联大小排序，找出影响最大的几个因素，为采取预防措施做准备（见图4-2-4）。

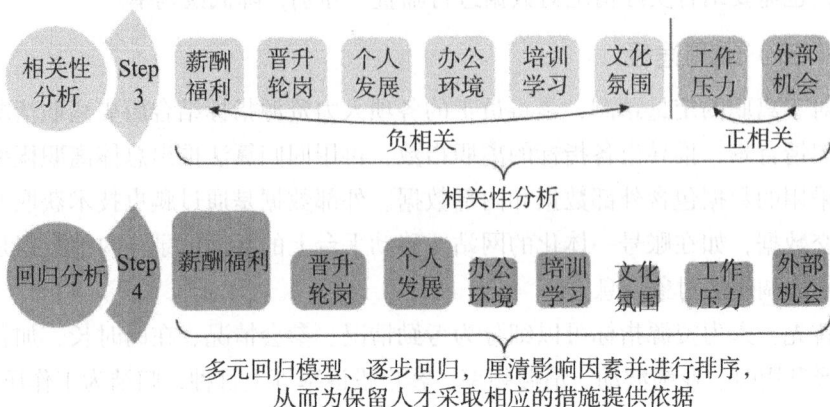

图4-2-4　离职原因相关性及回归分析

各大维度的离职相关性在不同领域、不同部门会有差异，而同一岗位序列在不同企业或不同环境条件下也会不同。严格来说，企业应根据不同部门的历年离职历史建立离职指标或模型，分部门分析，最后汇总对比。

（四）离职数据挖掘

基础数据：简历信息和其他人力资源部门整理归档信息等，以结构化数据为主。

整合数据：社交网络、文娱活动和消费记录、在职表现等，包括结构化数据和非结构化数据。

净化数据：先通过图片识别、文字识别、爬虫抽取和其他深度学习技术，把非结构化数据转化成结构化数据，再在数据可视化技术的辅助下，多层筛查，清洗异常数据。

EDW（企业数据仓库）建模：在上述数据整合的基础上，分别将已离职员工和在职员工的特征建模，相互比对，验证近似度。

（五）离职数据分析

机器解析的离职数据存在一些问题，需要人工进一步优化。首先，非结构化数据结构复杂，有的机器无法识别，而各数据块的语义可能存在交叉、模糊、难以归类或递接的情况，需要后期人工复审。其次，关于外部因素的一些关键字，如竞争对手、行业前景、局势环境方面的，是否真的影响以及如何影响离职指数，需要定性分析。例如，新兴竞品对手的出现，为员工带来压力的同时也可能是激发其好胜心的动力。对关键性外部因素的判断需要综合看其是否对多位离职员工产生了影响而定。最后，员工上报的离职原因未必是真实原因，在其离职一段时间后可能才会道出，或者通过背景调查发现真实原因。

（六）数据预测应用

利用离职模型可推导出对象员工一年内、半年内，甚至季度内离职的可能性。以下结合两大典型案例来说明离职预测的效用。

案例一：猎聘

作为互联网招聘巨头之一，猎聘很有魄力地将人才留存问题简化为内部满意度和外部竞争度两个角度。内部的员工满意度通过收集和分析员工的在职表现和生活状态等数据得出，外部的人才竞争度通过大数据提供的行业薪酬报告、人才流动趋势报告等得出。将市场普遍离职特征与公司历史离职特征相结合，建立员工流失风险模型。再将模型与员工个人特征对照，便能提早找出流失风险高的员工和相应的潜在流失因素。以此为依据，猎聘能够采取具有针对性的激励或沟通措施，提高员工满意度或降低外部竞争压力，从而减小人员流失的风险。

案例二：百度

百度作为国内规模最大、发展变化较快的互联网公司之一，也面临着高新产业公司人力资源管理的很多问题，其中就有结构调整频繁、调岗频率高、人才流动性大等问题。

百度公司利用自身先进的大数据和人工智能技术，为解决这些问题探索了新策略。如成立"百度人才智库"（TIC）团队，以期形成更高级、全面、有效的智能化人才管理。据智库领导人熊辉介绍，TIC团队集合了大数据、人工智能和人力资源管理等多个领域的专家，已经在一年之内，在10万多在职和历史员工的内部数据和大量多类、多源的外部数据基础上，建成了国内首套智能化人才管理方案，并以在公司内部的实测结果，展现了新型人才管理办法的高效性和精准性。

以离职预测为例。TIC通过收集员工绩效波动、异动表现、社交媒体和网络舆情等内外部数据，集成了包含职业发展、收入水平、家庭背景、外部热点等上百个动态指标的90天离职预测模型，近几年实测准确率高达90%，相对于传统预测方案已经是突破性的进展。例如，2015年该模型分析出公司内离职率最高的30名员工，实际上其中29人于三个月内陆续提交了辞职申请。该预测模型除了离职率、离职因素外，还能分析出员工离职对公司的影响程度。当影响程度达到一定级别，而离职因素又可以调控时，百度公司就会提前采用挽留手段或预补措施来减少该人员离岗给公司带来的消极影响。

总体来说，大数据技术对人才管理的"选、用、育、留"环节各有助益，主要聚焦在以下几个方面（见图 4-2-5），但不限于此。

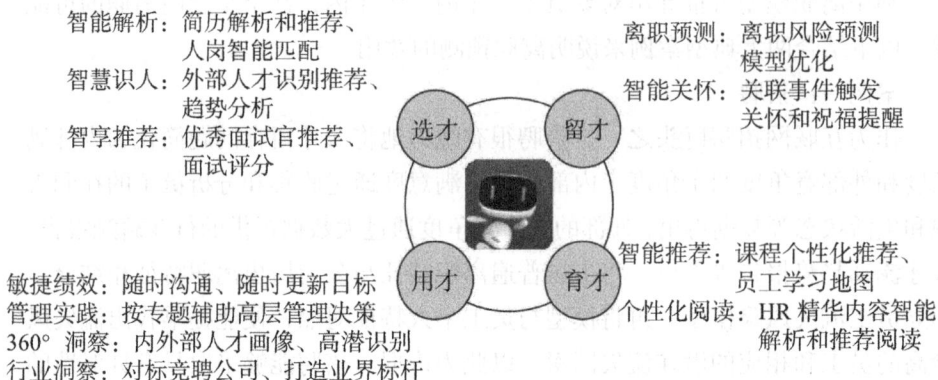

智能解析：简历解析和推荐、　　　　　　离职预测：离职风险预测
　　　　　人岗智能匹配　　　　　　　　　　　　　模型优化
智慧识人：外部人才识别推荐、　　　　智能关怀：关联事件触发
　　　　　趋势分析　　　　　　　　　　　　　关怀和祝福提醒
智享推荐：优秀面试官推荐、
　　　　　面试评分

智能推荐：课程个性化推荐、
　　　　　员工学习地图
敏捷绩效：随时沟通、随时更新目标
管理实践：按专题辅助高层管理决策　　个性化阅读：HR 精华内容智能
360° 洞察：内外部人才画像、高潜识别　　　　　　解析和推荐阅读
行业洞察：对标竞聘公司、打造业界标杆

图 4-2-5　AI 在选用育留上的应用

1. 选才场景

对于选才有规划、推荐和智享三大功效。规划是帮助招聘方做人才规划，帮助求职方做职业规划。推荐是把符合要求的职位自动推荐给求职方，而把智能筛选的候选人简历自动推荐给招聘方。这样既便于挖掘一些优秀但不大活跃的人才，也节省了求职者无穷尽地人工搜索岗位的时间和精力。智享是为招聘平台增加其他辅助功能，如语音技术、视频面试和录存等，便于回看比较和作为人才信息入档。

2. 用才场景

在用才上，主要有人才画像、辅助管理和敏捷绩效的功能。人才画像即全方位地对高潜人才和普通人才画像，实行人才的准确定位，一方面为其调薪调岗等动向管理做好准备，另一方面为培训教学的课程推荐留下余地。敏捷绩效指从传统的固定化 KPI 考核转向动态沟通、反馈、奖惩方式。其中，大数据为360° 员工考察，移动端和语音技术为同事、上下级实时沟通提供了有力的支持，能够根据业绩情况随时调整工作目标和计划。如百度开发、迭代的人力资源大数据是目前的业界标杆，为行业洞察和人员洞察提供了智能支持。

3. 育才场景

在员工培训方面，则是智能化推荐课程和个性化定制学习计划。方便教学活动开展和统一管理的同时，也能让员工感受到公司先进、完善、系统化的培训体系。打造人才发展生态圈的同时，也体现了良好的公司文化。

4. 留才场景

主要用于离职预测和智能关怀。离职预测是建立离职模型，分析、发现离职概率高的员工并提早应对。智能关怀是针对员工画像，自动提供个性化的关怀服务。如在员工生日、结婚纪念日等重要日期，根据员工的生活需要、兴趣爱好、消费习惯等的"标签"，发放相应的"员工关怀"，作为企业人性化福利的一部分，给员工留下好印象。

第五章　人力资源大数据的人才管理

人力资源管理作为一门重要的学科，与社会和经济环境的变化紧密相关且发展迅猛。尤其在过去几十年的演进发展中，企业家和管理者越发重视人力资源管理的作用，也逐渐成为学者关注的热点。基于不同国家历史环境的差异，就中国和西方国家而言，人力资源管理发展的速度有显而易见的差异。员工入职、离职及基础人事管理对企业的意义和价值主要体现在风险控制、效率提高和成本管控上。通过员工入职和基础人事管理，能够降低用工风险，提高工作效率；通过员工离职管理，能够降低员工离职率，减少离职带来的成本损失，尽可能减少离职风险。本章主要介绍人力资源大数据基础管理及人力资源大数据的管理制度等内容。

第一节　人力资源大数据基础管理

一、入职、离职与基础人事管理

（一）不同用工种类操作

企业用到的用工方式有很多，比较常见的有全日制用工、非全日制用工、学生工、劳务用工及外籍人员用工。这些用工方式各有特点，适用的规范性文件各不相同，也有不同的操作方式。

1. 全日制用工操作

全日制用工指的是用人单位与员工签署正式的劳动合同，与员工建立正式劳动关系的用工方式。全日制用工方式需要企业在员工入职一个月内与其签署《劳动合同书》。

2. 非全日制用工操作

非全日制用工是指以小时计酬为主，劳动者在同一用人单位一般平均每日工作时间不超过 4 小时，每周工作时间累计不超过 24 小时的用工方式。在实务中，我们常把采取非全日制用工方式的员工称为"小时工"。

对用人单位来说，非全日制用工比全日制用工的好处如下。

①人工成本更低。

②用工方式灵活。

③在任务明确的情况下，工作效率更高。

如果是专业技术性较强、需要较长的培养和训练时间、保密性要求较高、具备一定管理和决策要求、需要培养后备人选等的岗位，适合使用全日制的用工方式。如果是简单重复性劳动、短时间或季节性人力需要、危险性较低、不需要长时间训练等的基础岗位，可以选择非全日制的用工方式。

非全日制员工与用人单位之间可以通过口头协议建立劳动关系，可以不签署《劳动合同书》，但为规范双方的劳动关系，建议用人单位与非全日制员工之间签署《非全日制用工协议》。

3. 学生实习操作

出于校企合作或甄选人才的考虑，许多企业会接受在校学生实习。企业接受学生实习，需要与其签订《实习协议》。

企业在接受学生实习时需注意以下问题。

①一定要为学生购买商业保险。

②必须先培训、后上岗，保证岗前的安全和操作教育。

③必须为学生提供足量的劳动防护用品和措施。

④应给学生分配帮带师傅，并应培训帮带师傅的帮带技巧。

⑤不应让学生承担能力要求较高的复杂工作。

⑥不应让学生承担危险性较高的工作。

4. 劳务用工操作

劳务用工指的是劳动者向用人单位提供一次性的或特定的服务，由用人单位向其支付一定报酬的关系。劳务关系的本质是一种民事权利义务关系。劳务关系可以口头约定也可以签订书面合同。为规范用工，建议用人单位与劳动者确立劳务关系时，签订《劳务合同书》。

企业与劳动者建立劳务关系时需注意以下问题。

①企业不能以劳务关系代替实际的劳动关系，以逃避责任。

②企业同样要为与企业具有劳务关系的劳动者提供劳动保障用品和必要的培训。

③劳务关系适用法律为《中华人民共和国民法通则》和《中华人民共和国合同法》。

5.外籍人员用工操作

在《外国人在中国就业管理规定》中规定了以下内容：

第五条：用人单位聘用外国人须为该外国人申请就业许可，经获准并取得《中华人民共和国外国人就业许可证书》（以下简称许可证书）后方可聘用。

第八条：在中国就业的外国人应持职业签证入境（有互免签证协议的，按协议办理），入境后取得《外国人就业证》（以下简称就业证）和外国人居留证件，方可在中国境内就业。

未取得居留证件的外国人（即持 F、L、C、G 字签证者），在中国留学、实习的外国人及持职业签证外国人的随行家属不得在中国就业。特殊情况，应由用人单位按本规定的审批程序申领许可证书，被聘用的外国人凭许可证书到公安机关改变身份，办理就业证、居留证后方可就业。

可见，企业要容纳外籍人员在中国境内就业，必须具备四个证件。首先，企业必须有《中华人民共和国外国人就业许可证书》。其次，外籍人员必须具备职业签证（Z 字签证）、《外国人就业证》、外国人居留证件。《外国人就业证》上注明的用人单位必须与其实际就业单位一致。若有变更，需要办理变更手续或重新办理就业证。

《外国人就业证》的办理流程参照《外国人在中国就业管理规定》第三章的规定。证件齐全后，外籍人员的入职流程可以参照全日制人员的入职流程操作：用人单位与外籍人员签订《劳动合同书》，劳动合同的期限最长不得超过5年。

（二）员工入职管理

员工入职管理，不仅能保证员工在入职阶段基本的手续办理、合同签订、试用转正等流程的标准化、规范化，降低企业的风险，更是让新员工感受到企业的办事效率，并快速融入组织文化、进入工作角色的方法。

1.员工入职流程

员工面试合格，公司对其发放录取通知后，员工一旦接受并确认，下一步将办理入职手续。员工入职的基本流程及关键控制点如下：

（1）入职前的准备

在新员工报到前，人力资源部门需要做好准备工作，主要包括以下内容。

①确定新员工的入职时间，提前做好入职手续办理的各项准备。

②虽然录取通知中已包含入职需要携带的相关资料，为防止新员工入职时遗漏，人力资源部门最好提前电话确认。

③若需要新员工做入职前体检，要安排好体检相关事宜。

④协同相关部门为新员工安排好座位，并提前准备好办公用品、工作服、工作牌、餐卡，以及入职需要的各类资料和表单等。

⑤提前与用人部门对接，通知用人部门领导，提前为新员工确定帮带师傅或入职对接人。

（2）办理入职手续

办理入职手续的过程主要是收集资料、核对信息、整理归档的过程，主要包括以下内容：

①面试时使用的《岗位申请表》可以作为面试的入职登记表使用。

②收取新员工的相关资料。

③核对《岗位申请表》上的相关信息与入职后个人准备的信息是否一致。

④与新员工签订劳动合同。

⑤告知新员工入职培训的时间和地点。

（3）入职培训

入职培训也就是新员工培训，基本操作是执行新员工培训流程，但需要注意以下内容：

①学习公司各类规章制度、员工手册，一定要有培训前的签到和培训后的考试。

②培训结束后，由所有新员工对学习内容签字确认，签字内容为："本人已详细阅读并学习了公司××的全部内容，并谨此声明本人愿意自觉遵守。如有违反，自愿按照公司相关规定执行。"

③带新员工参观公司。参观前，需要与各部门做好沟通，以免影响各部门工作的正常运转。

④在新员工参观过程中需要有专门人员进行专业细致的讲解，耐心全面地解答员工的问题。

（4）用人部门接待

用人部门在新员工入职过程中的作用比人力资源部门更重要。用人部门的接待直接影响着新员工的感受，决定了新员工未来是否愿意留在企业、能否融入企业并长期稳定地工作，其主要内容如下：

①部门安排的帮带师傅或专人负责引导新员工并做相应的人员介绍。

②对新员工做本部门规章制度和岗位职责要求的必要介绍。

③部门例会上向同事介绍新员工。

2. 员工保密操作

为了保障公司的信息安全，防范和杜绝发生各种泄密事件，保护和合理利用公司秘密，确保公司信息披露的公平、公正，保障公司及其他利益相关者的合法权益不受侵犯，公司在日常管理中，对某些接触公司商业和技术秘密的特殊岗位的员工会有保密的要求。

要让员工做好保密工作，除了日常的流程设置、教育培训等保密管理工作外，还需要在入职的环节做好相关工作。与保密工作类似的还有知识产权管理，比较好的办法是与员工签订《保密协议》和《知识产权协议》，并将其作为《劳动合同书》的补充附件。

3. 竞业限制操作

竞业限制指的是用人单位为了保护自身的商业秘密，经过劳资双方协商后约定：在劳动关系存续期间，限制或禁止员工直接或间接在与企业存在竞争关系的公司兼职；或者在劳动关系结束后的一段时间内，限制或禁止员工直接或间接到与企业存在竞争关系的企业任职。

为便于管理，实务中的竞业限制大多是直接采取竞业禁止的方式。比较好的处理竞业禁止的方式是企业经过与员工协商，与员工签订《竞业禁止协议》，并将其作为《劳动合同书》的补充附件。

4. 试用期及转正

许多人力资源管理人员分不清试用期、实习期、见习期的基本概念，常常在口头表达或正式文件中将三者混淆。其实，三者有本质的不同，其主要区别如下。

试用期指的是劳动合同履行的初期，代表劳资双方已经正式确立劳动关系，但需要一个过渡期供彼此了解、尝试、熟悉，给彼此都留有选择的空间和余地。劳动者在试用期的工资不得低于用人单位所在地的最低工资标准，不得低于本单位相同岗位最低档工资，不得低于劳动合同约定工资的80%。

实习一般是指学生在校期间，为了能够提升自身的综合素质、更好地适应未来踏入社会后的角色转变，选择提前到企业实地参与、熟悉工作岗位、获得实践工作经验而进行的活动。在实习期，学生和企业之间的关系不是劳动关系，而是一种学习实践的关系。学生实习期所在的企业，也不一定是未来与之签订劳动合同的企业。

见习期不是法律层面的概念，通常是组织内部岗位职级的规定，也是一种过渡期。它指的是当员工调到某个新岗位或职务时，由于对岗位或职务不熟悉，需要一段熟悉和实际操作的时间，组织在此期间考察候选人的工作表现、能力或绩效是否能够匹配该岗位的基本要求。

《中华人民共和国劳动合同法》第十九条规定如下：

劳动合同期限三个月以上不满一年的，试用期不得超过一个月；劳动合同期限一年以上不满三年的，试用期不得超过两个月；三年以上固定期限和无固定期限的劳动合同，试用期不得超过六个月。

同一用人单位与同一劳动者只能约定一次试用期。

以完成一定工作任务为期限的劳动合同或者劳动合同期限不满三个月的，不得约定试用期。

试用期包含在劳动合同期限内。劳动合同仅约定试用期的，试用期不成立，该期限为劳动合同期限。

员工在试用期间，人力资源部门不能对其"放任不管"，需要及时摸底和跟进，具体工作如下。

（1）面谈

一般在入职的一周之内、一个月之内和转正之前需要做三轮面谈，每轮面谈的对象分别是员工本人、员工的帮带师傅或周围的同事等。面谈的内容主要是员工对工作氛围和工作内容的感受、员工是否得到了来自部门内部应有的关心和帮助、员工的师傅或同事对该员工的评价、员工遇到的问题以及需要的帮助等。

（2）反馈

根据员工试用期间的三轮面谈情况，提炼出有建设性、有价值、有意义的信息反馈给新员工的直属领导或部门负责人。如果发现新员工的直属领导或部门负责人没有很好地帮助新员工融入新的工作环境，人力资源部需要及时指出，了解实际情况并及时修正，根据情况给出指导和建议。

（3）总结

针对新员工在试用期间遇到的不同问题，根据与新员工和部门相关人员的面谈结果，人力资源部要总结招聘、面试、入职、试用过程中存在的问题，如人才的招聘标准是否有问题、面试的方法和判断是否有问题、入职培训的全面性是否有问题、入职和试用期间的管理是否能优化等。

为便于员工总结和提高能力，新员工在试用期间，需要定时提交总结报告，频率一般为一周到一个月提交一次。

试用期满后，新员工可以按照公司的转正流程提交转正申请。

员工提交转正申请后，在正式转正之前，人力资源部需要组织对员工的评估。转正前的评估可以根据必要性设置知识层面的评估、能力层面的评估、行为/态度层面的评估和绩效层面的评估四个维度。

知识层面的评估是评估新员工对该岗位应知应会相关知识的掌握程度。测评方式可以是笔试或者面试时的口试。需要注意的是，实施知识层面的评估需要提前准备试题库和标准答案，设置的问题需要和新员工的工作有较高的相关性且属岗位必备的知识。

能力层面的评估是评估新员工是否已经掌握了岗位要求的各项基本能力。测评方式包括实测操作模拟、工作成果评估、专家意见评价、直属领导评价、关联方打分等。

行为/态度层面的评估是评估新员工在日常工作过程中的行为和态度是否符合公司的要求和期望，是否存在消极怠工、违规操作等不好的态度和行为。测评方式包括通过民主评议和直属领导打分。

绩效层面的评估是评估新员工的工作成果是否达到了岗位的基本要求。测评方式是岗位绩效评价。需要注意的是，由于新员工入职的时间较短，对新员工的要求不应过于严苛，一般是达到该岗位绩效的最低要求就可达标。

5. 工时制度选择

工时制度分为三种，即标准工时制、综合工时制和不定时工时制。企业可以根据自身经营情况的特点，选择适合自身特点的工时制度。

（1）标准工时制

标准工时制是我国最普遍的工时制度，如果企业不进行申请，则默认实行标准工时制。标准工时制的工作标准为员工每天工作时长为 8 小时，每周工作不超过 40 小时。每周保证劳动者至少休息 1 日；有生产经营需要的，经与工会和劳动者协商后，一般每天延长工作时间不得超过 1 小时；特殊原因每天延长工作时间不得超过 3 小时；每月延长工作时间不得超过 36 小时。

（2）综合工时制

综合工时制是以标准工时为计算基础，在一定时期范围内，综合计算工作时间的工时制度。这类工时制度不再以天为单位计算工作时间，而可以以周、月、季、年为单位计算，所得平均日或平均周的工作时间应当与标准工时制的时间相同。劳动部《关于企业实行不定时工作制和综合计算工时工作制的审批办法》（劳部发（1994）503 号）第五条规定如下。

企业对符合下列条件之一的职工，可实行综合计算工时工作制，即分别以周、月、季、年等为周期，综合计算工作时间，但其平均日工作时间和平均周工作时间应与法定标准工作时间基本相同。

①交通、铁路、邮电、水运、航空、渔业等行业中因工作性质特殊，需连续作业的职工；

②地质及资源勘探、建筑、制盐、制糖、旅游等受季节和自然条件限制的行业的部分职工；

③其他适合实行综合计算工时工作制的职工。

实行综合工时制的企业，无论劳动者单日的工作时间为多少，只要在一个综合工时计算周期内的总工作时长不超过以标准工时制计算的应当工作的总时间数，就不视为加班。如果超过该时间，则应视为延长工作时间，同样，延长工作时间平均每月不得超过 36 小时。

（3）不定时工作制

标准工时制和综合工时制都属于定时工时制，它们都根据工作时间来衡量劳动者的劳动量。不定时工作制是一种直接确定劳动者工作量的工时制度。因生产特点、工作特殊需要或职责范围的特点，无法按照标准工作时间计算工时的，可以申请实行不定时工作制。

劳动部《关于企业实行不定时工作制和综合计算工时工作制的审批办法》（劳部发（1994）503 号）第四条规定如下。

企业对符合下列条件之一的职工，可以实行不定时工作制。

①企业中的高级管理人员、外勤人员、推销人员、部分值班人员和其他因工作无法按标准工作时间衡量的职工；

②企业中的长途运输人员，出租汽车司机和铁路、港口、仓库的部分装卸人员以及因工作性质特殊，需机动作业的职工；

③其他因生产特点、工作特殊需要或职责范围的关系，适合实行不定时工作制的职工。

实行不定时工作制的企业，不再受《中华人民共和国劳动法》第四十一条规定的日延长工作时间标准和月延长工作时间标准的限制。

（4）特殊工时认定

综合工时制和不定时工作制都属于特殊工时制，企业如果想实行这两种工时制度，需要到有关政府部门申请，并办理相关的审批手续。申请和审批方式以各省、自治区、直辖市人民政府劳动行政部门的规定为准。否则，一旦出现劳动争议，企业主张自己是综合计算工时制时是没有法律依据的，劳动者有权要求按照标准工时制计算加班工资。

需要注意，劳动部《关于企业实行不定时工作制和综合计算工时工作制的审批办法》（劳部发〔1994〕503号）第六条的规定如下。

对于实行不定时工作制和综合计算工时工作制等其他工作和休息办法的职工，企业应根据《中华人民共和国劳动法》第一章、第四章有关规定，在保障职工身体健康并充分听取职工意见的基础上，采用集中工作、集中休息、轮休调休、弹性工作时间等适当方式，确保职工的休息休假权利和生产、工作任务的完成。

6. 入职注意事项

人力资源部在办理新员工入职时，需要特别注意以下事项。

（1）入职前的准备环节

《中华人民共和国劳动合同法》第三十九条的规定如下。

劳动者有下列情形之一的，用人单位可以解除劳动合同：

①在试用期间被证明不符合录用条件的；

②严重违反用人单位的规章制度的；

③严重失职，营私舞弊，给用人单位造成重大损害的；

④劳动者同时与其他用人单位建立劳动关系，对完成本单位的工作任务造成严重影响，或者经用人单位提出，拒不改正的；

⑤因本法第二十六条第一款第一项规定的情形致使劳动合同无效的（以欺诈、胁迫的手段或者乘人之危，使对方在违背真实意思的情况下订立或者变更劳动合同的）；

⑥被依法追究刑事责任的。

采用规范、明确、合理、经得起推敲的人才录用条件和合法、合规、有效的规章制度对企业的用工意义重大，是企业规避用工风险、防止用工欺诈的有效手段。其中，录用条件包括岗位职责条件、身体健康条件、兼职条件、档案存放情况以及社会保险缴纳条件、绩效考核条件等。

规章制度应包括但不限于与劳动者息息相关的八类：劳动报酬、工作时间、休假、劳动安全卫生、保险福利、员工培训、劳动纪律、劳动定额管理相关制度。规章制度要合法有效，不能与法律规定相冲突。公司规章制度通过的程序也要合法合规，需要经职工代表大会通过，并在当地人力资源和社会保障部（简称人社部门）备案。

规章制度通过后，要通过公司的网站、邮件、公示栏等向劳动者公示并告知。可以在劳动合同中或者劳动合同的附件中明确说明公司的规章制度属于劳动合同条款，员工入职前必须学习、培训、考试并签字确认。为方便员工快速学习并了解所有的规章制度，比较好的方式是制作并发放员工手册。

（2）岗位职责明确环节

在新员工入职前，企业要有用人岗位清晰明确的岗位职责。一是为了评估该岗位究竟需要招聘什么类型的人才；二是为新进人才入职后能够快速了解岗位工作内容，快速进入工作状态提供保障；三是为了能够有效评估新员工上岗后工作职责的履行情况。

明确岗位职责需要罗列出各岗位所有的基础性工作活动，分析涉及的工作任务，并据此明确列举出必须完成的任务以及每项任务背后的目的和需要完成的目标，根据任务和目标的要求，明确该岗位需要具备的各项能力。

（3）入职前的登记环节

人力资源部要对员工入职材料和信息的真实性做仔细核查，重点关注的信息包括员工的教育背景信息、工作经历信息、家庭成员信息、紧急联系人及通信地址信息、健康状况信息。一定要让新员工本人在岗位申请表最后的声明中签字。

人力资源部要核查员工上一个单位开具的双方已经解除劳动关系、并不存在任何劳动纠纷的证明；对于特殊或敏感岗位，要提前通过电话、邮件、传真等方式审查候选人是否还处在竞业限制期。

（4）入职前的体检环节

入职前的体检环节是确认候选人身体健康状况的依据，人力资源部应注意核查，有效甄别出个别员工体检作假的情况。同时注意，不要有健康歧视，要根据劳动者的健康状况合理分配岗位。《中华人民共和国就业促进法》第三十条的规定如下。

用人单位招用人员，不得以是传染病病原携带者为由拒绝录用。但是，经医学鉴定传染病病原携带者在治愈前或者排除传染嫌疑前，不得从事法律、行政法规和国务院卫生行政部门规定禁止从事的易使传染病扩散的工作。

（5）签订劳动合同环节

用人单位与劳动者劳动关系的确立是自用人单位用工之日起，也可以理解为自劳动者第一天报到开始。劳动合同需要在劳动者工作之日起的一个月内签订。《中华人民共和国劳动合同法》第八十二条规定如下。

用人单位自用工之日起超过一个月不满一年未与劳动者订立书面劳动合同的，应当向劳动者每月支付二倍的工资。

签订劳动合同时，人力资源部要主动告知新员工工作的相关内容，包括工作条件、工作时间、可能存在的职业危害、职业安全状况、工作职责、劳动报酬等劳动者需要了解和掌握的相关信息。

一份完整的劳动合同必备的要件：完整的用人单位名称、单位地址、法定代表人以及劳动者真实完整的姓名、劳动者住址、身份证号码、劳动合同的起止日期等。

7. 入职风险提示

新员工入职环节存在各种风险，不了解或不注意的企业很容易在这些问题上犯错误，从而给企业造成不必要的损失，入职环节比较常见的风险包括以下事项。

①禁止招用不满16周岁的未成年人，即使该未成年人主观上想到企业工作。法律依据为《禁止使用童工规定》。

②用人单位要保存好新员工的相关录用材料，建立员工名册。法律依据为《中华人民共和国劳动合同法实施条例》。

③依据《中华人民共和国就业促进法》，劳动者就业，不因民族、性别、宗教信仰等不同而受歧视。用人单位招用人员，不得以是传染病病原携带者为由拒绝录用。

④企业不得让劳动者提供财物或扣压劳动者的证件，作为劳动关系的担保。法律依据为《中华人民共和国劳动合同法》。

⑤禁止招用没有合法证件的人员。法律依据为《就业服务与就业管理规定》。

⑥禁止欺诈、胁迫或乘人之危，在违背当事人意愿的情况下订立劳动合同。法律依据为《中华人民共和国劳动合同法》。

⑦企业对员工的个人信息有保密的义务，不得泄露员工的个人信息或擅自使用劳动者个人的劳动成果。法律依据为《就业服务与就业管理规定》。

（三）人事档案管理

人事档案管理是人力资源管理工作中基础而重要的组成部分，也是企业档案管理工作的重要组成部分。人事档案是员工在工作中形成的个人经历、业务水平、工作表现以及工作变动等情况的有关材料，是人力资源管理与开发的重要依据，也是反映个人成长历程的凭证和依据。

1. 人事档案组成要素

（1）干部人事档案

在企业中常见的干部档案一般是指大学毕业生的档案。大学毕业生的人事档案是由学籍档案转换而来的，档案中一般包括高校毕业登记表、学习成绩单、在校期间一切奖惩材料、入团入党志愿书、毕业前的体检表以及毕业生报到通知书等材料。

大学生毕业后，在其学籍档案中放入该毕业生的报到证（报到证有效期一般为2年）和毕业生与企业签订的就业协议，由学校将档案转交至毕业生就业单位人事部门或委托的人才交流机构。

大学毕业生从报到证派发之日起一年内为见习期，见习期满一年，可办理转正定级手续，由工作单位对毕业生见习期的工作表现进行评定，合格则转正，也就是通常说的干部身份的确立。如不满一年就换单位，需进行改派，见习期也需重新计算，即从新报到证颁发之日算起。

目前，北京生源的大中专毕业生就业后，除进入事业单位就业的情况以外，不再统一要求填写毕业生见习期考核鉴定表，不再统一要求办理转正定级手续；北京生源大中专毕业生工作变动时，毕业生见习期考核鉴定表和转正定级手续不再作为人事档案接转的必备材料。各省市根据当地劳动部门公布的文件执行。

（2）企业人员人事档案

若企业具备人事档案管理权，应届毕业生需将单位接收档案的地址提供给学校，档案由学校直接邮递给工作单位。非应届毕业生及其他人员的档案转入，可按照所在企业档案接收流程，到原单位或档案委托机构提取人事档案。无论档案是邮递还是本人提取，员工的人事档案必须加盖公章封存，不得随意拆封。

（3）代理人员人事档案

若企业不具备人事档案管理权，企业可将在职员工档案集体委托存档在所管辖的人力资源公共服务机构。应届毕业生可将企业所委托的人力资源公共服务机构的名称提供给学校，由学校直接邮递档案。非应届毕业生及其他人员按照所委托机构的要求办理人事档案转入。

2. 人事档案接收流程

企业接收员工的人事档案时，需要按照档案接收流程，经相关部门领导和人力资源部审批后方可接收员工档案。人力资源部确认档案接收的依据为人事档案调入审批表。

3. 人事档案转出流程

员工离职或者因其他原因需要转出人事档案时，需要按照档案转出流程，经相关部门领导和人力资源部审批后方可将档案转出。人力资源部确认档案转出的依据为人事档案转出审批表。

4. 人事档案借阅流程

根据各种需要，人事档案的借阅可以分为查阅、借出和出具证明材料三种方式。通过这三种方式利用人事档案时，采取必要的手续是维护人事档案完整安全的重要保证。

（1）人事档案查阅

人事档案查阅的手续如下：

①由申请查阅者提供查档报告，在报告中写明查阅的原因；

②查阅部门的负责人及相关领导签字；

③由人力资源部审核，若理由充分，手续齐全，给予批准。

（2）人事档案借出

人事档案借出的手续如下：

①由借档单位出具借档申请，写明借档的原因和内容；

②借档单位负责人及相关领导签字；

③人力资源部审核、批准，进行借档登记，注明借档的原因、时间、借档材料的名称、份数等，由借档人员签字；

④借档人员归还档案时，在借档登记上签字注销。

（3）人事档案证明材料

开具人事档案证明材料的手续如下：

①相关人员填写申请材料，说明需求的原因以及需要开证明的种类；

②相关负责人及领导签字；

③人力资源部审核，根据公司规定和申请者的要求提供申请材料；

④证明材料由相关领导审阅后，加盖公章；

⑤申请人到人力资源部领取文件，并签字登记；

⑥人力资源留存登记文件，以备查阅。

注意，查阅、借用档案的部门或个人，不得擅自摘抄、拍摄或复制档案内容。若因工作需要要从档案中取证，应事先征得相关领导的同意，经批准后方可摘抄、拍摄或复制。借阅档案的人员，对档案应妥善保管，不得遗失、泄密和污损，不准抽换、折卷和转换。

（四）员工离职管理

员工离职管理在企业人力资源管理体系中起着举足轻重的作用，它是企业减少人才流失、降低人力资源管理成本、保证人才有序流动、维护企业和员工的合法权益、提高人力资源管理水平的重要方式。

1. 离职作业流程

根据员工是否出于主观意愿，可以把员工离职分为主动离职和被动离职两种。主动离职包括员工出于各种原因主动提出辞职、合同期满后员工不再续签、退休后不接受公司的返聘三种类型；被动离职包括员工被公司辞退、合同期满后单位不再续签、单位被迫的经济型裁员三种类型。针对不同的离职方式有不同的作业流程。

（1）主动辞职

《中华人民共和国劳动合同法》第三十六条、第三十七条规定如下：

用人单位与劳动者协商一致，可以解除劳动合同。

劳动者提前三十日以书面形式通知用人单位，可以解除劳动合同。劳动者在试用期内提前三日通知用人单位，可以解除劳动合同。

主动提出辞职的员工，应在《中华人民共和国劳动合同法》规定的时间内提出，填写离职申请表，经单位直属领导、部门负责人和人力资源部审批后，办理离职手续。

离职员工应填写离职交接表，按照离职交接表中的内容逐项执行交接手续。

交接的过程需注意，由于员工离职后的工作职责、文件资料、办公用品等不一定是全部交接给同一个人，所以，移交的过程需要逐项核对后，由接收人逐项签字。如果表格填不下，可以附交接清单。如果交接过程中发现有物品或资料遗失或毁损，给公司造成损失的，应按照相关规定折价赔偿。

（2）劳动合同到期

根据《中华人民共和国劳动合同法》第四十四条第一项规定，劳动合同期满的，劳动合同终止。也就是说，当劳动合同期满时，若无特殊情况或特殊条款说明，劳动合同自动终止，用人单位和劳动者之间的劳动关系解除。但需注意，根据《中华人民共和国劳动合同法》第四十六条第五项规定，除用人单位维持或者提高劳动合同约定条件续订劳动合同，劳动者不同意续订的情形外，依照本法第四十四条第一项规定终止固定期限劳动合同的，用人单位应当向劳动者支付经济补偿。

简单地说，就是当劳动合同到期时，如果用人单位不想和劳动者续签合同，用人单位需要向劳动者支付经济补偿。劳动合同到期解除劳动关系，用人单位无须支付经济补偿的情况只有一种，就是用人单位想要和劳动者续订劳动者合同，但条件是维持并提高劳动者的劳动条件，而劳动者本人不愿意接受。

用人单位向劳动者支付经济补偿的标准参照《中华人民共和国劳动合同法》第四十七条的规定：

经济补偿按劳动者在本单位工作的年限，每满一年支付一个月工资的标准向劳动者支付。六个月以上不满一年的，按一年计算；不满六个月的，向劳动者支付半个月工资的经济补偿。

劳动者月工资高于用人单位所在直辖市、设区的市级人民政府公布的本地区上年度职工月平均工资三倍的，向其支付经济补偿的标准按职工月平均工资三倍的数额支付，向其支付经济补偿的年限最高不超过十二年。

本条所称月工资是指劳动者在劳动合同解除或者终止前十二个月的平均工资。

（3）退休

由于各地人社部门的规定不同，退休办理的流程不尽相同，当员工达到法定退休年龄后，正常退休的办理流程如下。

①员工先填写退休申请表（一般需含有一英寸照片）。企业每月在当地人社部门规定的时间内，向人社部门提交退休人员的退休申请表、身份证原件及复印件（复印件一般一式两份）、医保卡复印件、员工档案（一般需要加盖企业公章）。

②人社部门审核退休人员的出生年月、参加工作时间、历年调资表、社保缴费年限等，审核后开具公示单。

③企业公示无异议后，加盖企业公章。当月缴纳完社保后，人力资源管理人员对退休人员进行减员，向人社部门提交退休申请表、退休申报表、退休公示表。

④部分地区的人社部门对有需要的人员，可以打印退休证明。

如果是特殊工种或因病等情况需要提前办理退休的人员，办理流程比正常的退休流程多一步提前审核，人力资源管理人员可以根据当地人社部门的具体要求提交相关审核材料。

（4）辞退和经济性裁员

辞退指的是因员工违反公司的规章制度、劳动纪律或犯有重大错误，但还没有达到双方自动解除劳动关系的条件，经过合法合规的处罚、调岗、培训后仍然无效，用人单位经研讨后，经过一定的程序，主动与该员工解除劳动关系的行为。经济性裁员指的是企业的生产经营遇到困难，为了保证自身能够正常存续，通过一次性主动辞退部分员工的方式，来缓解经营状况的过程。经济性裁员的规定可参考《中华人民共和国劳动合同法》第四十一条：

有下列情形之一，需要裁减人员二十人以上或者裁减不足二十人但占企业职工总数百分之十以上的，用人单位提前三十日向工会或者全体职工说明情况，听取工会或者职工的意见后，裁减人员方案经向劳动行政部门报告，可以裁减人员：

①依照企业破产法规定进行重整的；

②生产经营发生严重困难的；

③企业转产、重大技术革新或者经营方式调整，经变更劳动合同后，仍需裁减人员的；

④其他因劳动合同订立时所依据的客观经济情况发生重大变化，致使劳动合同无法履行的。

裁减人员时，应当优先留用下列人员：

①与本单位订立较长期限的固定期限劳动合同的；

②与本单位订立无固定期限劳动合同的；

③家庭无其他就业人员，有需要扶养的老人或者未成年人的。

用人单位依照本条第一款规定裁减人员，在六个月内重新招用人员的，应当通知被裁减的人员，并在同等条件下优先招用被裁减的人员。

辞退和经济性裁员都是用人单位主动与劳动者解除劳动关系的行为，实施之前应当事先将理由通知工会，工会同意后，与员工谈话，并按照相关法律法规执行。如果有员工给用人单位造成损失，用人单位有权要求赔偿。

2. 离职面谈方法

离职面谈是用人单位工作人员与待离职人员就离职相关问题进行的谈话。离职面谈分为两种，一种是对主动离职人员的面谈，另一种是对被动离职人员的面谈。对主动离职人员的离职面谈的目的通常是安抚员工的情绪、挽留员工在企业继续工作、了解员工离职的真实原因、收集员工的改进意见或建议、提高公司人力资源管理水平、提高公司声誉等。对被动离职人员面谈的目的通常是劝员工离开公司。

（1）离职面谈的时间

离职面谈通常是在员工正式提出离职的想法之后，其实这并不是沟通的最佳时机。防患于未然，是对待员工离职最好的管理手段。沟通的时机，最好选在员工出现工作态度散漫、工作积极性下降、阶段性请长假、行动诡异、神色慌张、时不时到无人地点接听电话等具有离职意向的行为苗头时。

（2）离职面谈的地点

在选择离职面谈的地点时，要注意对离职员工的隐私保护，选择光线较明亮的房间，注意面谈地点周边的环境，在面谈过程中应尽量避免周围产生噪声、杂音或干扰。

（3）离职面谈的内容

如果是提前发现员工的行为反常，但员工还未提出离职的情况，可以与员工分享企业发现了他行为上的异样，想了解他最近是不是有什么事情发生，是不是生活或者工作中遇到了什么问题。

如果是生活上的问题，可以和员工讨论企业是否能够通过做些什么具体事项帮助员工解决问题或渡过难关。如果是工作中的问题，人力资源管理人员可以和员工一起寻找解决问题的方法。

如果员工已经提出离职，首先要了解员工离职的真实想法和离职原因，参考谈话技巧如下：

"能让我了解一下你为什么会产生这种想法吗？"

"是什么让你产生了这种想法呢？"

如果员工不愿意吐露心声，人力资源管理人员还可以询问员工一些更加具体的问题，参考谈话技巧如下：

"你觉得咱们公司的工作氛围如何？"

"你喜欢咱们公司的企业文化吗？"

"你平时对公司组织的学习和培训满意吗？"

了解到员工的离职原因后，要传达共情，即表达出人力资源管理人员对员工情感和所处情景的理解。对离职原因进行判断，如果存在挽留员工的可能，人力资源管理人员可以与员工一起做利弊分析，突出留在企业的优势，和员工一起寻找既能让员工留下，又能让双方满意的解决方案。

如果员工不置可否或者表示要好好想想，可以给员工 3 ~ 7 天的时间做出决定。如果员工坚持选择离开，人力资源管理人员可以征询员工对企业的意见或建议、了解员工离职后的去向、提醒员工离职前要继续履行工作职责并协助做好工作交接、提醒员工必须履行保密和竞业禁止的责任。

（4）离职面谈注意事项

要明确离职面谈的目标。离职面谈的总体目标是提高企业的人力资源管理水平，但对于不同类型的员工，目标侧重有所不同。对态度好、能力强、绩效高的员工，离职面谈的目标以挽留为主；对态度差、能力弱、绩效低的员工，离职面谈的目标可以只了解离职原因。

在做离职面谈之前需要有所准备。要提前了解员工的家庭情况、工作情况、上下级关系、同事评价、人格特质以及可能的离职原因等信息，提前预测对话过程中可能发生的情况、可能采取的行动以及可能的解决方案。

应体会和感知离职人员的想法，多站在他的角度思考问题。围绕员工的利益，选择他认同或感兴趣的话题与其交流。注意语调的平和、态度的平等，避免产生判断性的语言或语调。

离职面谈应多采用开放性问题，如为什么、是什么、怎么样，少用封闭性的语言，如是不是、对不对、行不行。当涉及敏感隐私问题的时候，要小心询问。

离职面谈后，要注意对面谈内容的保密，不得随意泄露员工的隐私。

3. 离职分析方法

对员工离职的分析可以分为以下四大类。

（1）员工流失原因分析

员工流失的原因通常分为个人原因、公司原因和主动淘汰三大类。其中，个人原因包括家庭、地域、个人职业发展、退休等原因；公司原因包括薪酬、领导、同事关系、工作环境、晋升等原因。根据需要，离职原因分析可以更细致，可以按序列/角色或部门/岗位分析，也可以按职等/职级分析，还可以按入职年限分析。

（2）员工流失情况预测

预测即将流失的人员，可以为公司提前储备人才。可能流失的员工通常包括三年内将要退休的人员、孕期人员、已婚未孕的人员、曾经提出过要离职的人员、绩效评分排末位的人员。

（3）关键人才流失情况分析

那些在关键岗位工作时间较长或者对绩效有较突出贡献的人才的流失可以列成表格单独分析。可以分成关键管理岗位、关键技术岗位、司龄5年以上员工、司龄3～5年的员工、高绩效的员工的离职情况等类别。

（4）人才流向分析

对人才流向的分析，是对商业竞争的预警，是对潜在危机的洞察。人才流失后是去了同业或竞业，还是去了其他行业，对本企业的意义和影响完全不同。如果是去了其他行业，那本企业的损失只是人才流失造成的直接成本；如果是去了具有竞业业务的单位，相当于替竞争对手培养了人才，还存在客户丢失、关键技术泄露、商业秘密泄露等难以发现和维权的间接成本。

4. 离职风险提示

员工离职过程如果操作不当可能存在许多风险，比较常见的有以下几种。

（1）违法解雇的风险

用人单位应保留好员工的辞职申请书，员工离职后，企业开具离职证明，需要注明详细的离职原因和离职时间。如果员工是因为严重违反公司规章制度而离职，还需要保留员工违反规章制度的证明、向工会提出的申请、公司内部的公告、向员工发放的通知等全套证据材料。

（2）经济赔偿的风险

员工离职时，劳资双方应严格按照相关法律法规执行。需要用人单位支付经济补偿金的，用人单位应合法合规支付；员工在职期间造成用人单位损失需要赔偿的，员工也应该在离职前赔偿。有的企业错误地认为员工未提前 30 天向企业提出离职申请可以扣押员工工资作为对企业损失的补偿，事实上，除非企业有明确的证据证明，否则在员工离职时，企业应一次性结清员工的工资。

（3）竞业禁止的风险

用人单位在与员工签订《竞业禁止协议》时，要约定经济补偿金的金额。在员工离职后，用人单位要切实履行支付经济补偿金的义务，否则该《竞业禁止协议》无效。

（4）泄密的风险

对于签署保密协议的员工，应按照协议的约定履行在职或离职期间保守企业相关秘密的义务。如果保密协议中明确规定了保密的期限包括员工离职之后，而员工未履行，则企业可以按照协议约定追究员工的法律责任。

为了避免员工离职后产生不必要的劳动纠纷，在员工正式离职之前，用人单位可以要求员工加签一份《离职承诺书》。

二、培训管理

培训管理是指组织为开展业务及培育人才，采用各种方式对员工进行有目的、有计划的培养和训练的管理活动，使员工不断积累知识、提升技能、更新观念、变革思维、转变态度、开发潜能，更好地胜任目前工作或担任更高级别的职务，从而促进组织效率的提高和组织目标的实现。

（一）培训流程和制度

完善的培训流程和制度，是使培训工作专业化、规范化、制度化的前提，是提高员工整体素质、保证全员达到岗位能力的要求、打造优秀的员工团队、建立学习型企业、增强企业核心竞争力的有力保障。

1. 培训管理原则

（1）战略性原则

培训要服务于组织的战略，要拥有长期的目标和系统的规划并形成持续运转的体系和制度。培训除了为当前的经营服务，解决组织目前经营中需要解决的问题之外，还要有战略意识，要看到组织未来的发展和需求，变被动为主动。通过培训，员工能够满足组织变革发展的需要，能够随时迎接未来的挑战。

（2）针对性原则

培训是为了提高组织的基础能力，提高员工在生产经营中解决具体问题的能力，进而提升组织的绩效。培训要有目的性，培训内容要与实践相结合，要务实、有效；要针对某一具体待解决的问题、困难，或者实际的培训需求进行；要按需施教、学以致用。

（3）计划性原则

培训管理者要根据培训需求制订培训计划，并保证计划的顺利实施。培训计划要进一步明确培训目的，且要形成具体的行动路径和方案，避免盲目性，使培训工作有章可循、循序渐进、有条不紊。

（4）全方位原则

在培训内容上要把基础培训、素质培训、技能培训结合起来。在培训方式上要对讲授、讨论、参观、外聘、委培等多种方式进行综合运用。在培训层级上要划分并覆盖到高层领导、中层管理者和基层员工。需要注意，全方位并不代表"全覆盖"，培训不需要也不可能面面俱到地覆盖到每个员工的每个需求，在抓大放小时，要全方位地考虑。

（5）有效性原则

培训工作不能走过场，培训管理者要针对组织经营管理的需要策划培训的内容、方式、方法，使培训对组织经营活动的顺利开展产生实质性的效果。为保证培训的有效性，培训结束后要对培训内容进行考核、对培训效果进行评估，以促进培训工作的持续提升；培训后要巩固所学，强化应用，并定期检查，及时纠正错误和偏差。

（6）统筹兼顾原则

组织要处理好培训工作和日常生产经营活动之间的关系，不能为了做培训而影响正常的生产或经营。在时间上，要避开生产经营的高峰期，在培训项目的安排上，要根据组织的能力做出妥善的安排。组织没有必要同时进行过多的培训，要从组织整体出发，综合考虑、分清轻重缓急，使培训工作与正常经营两不相误。

（7）低成本原则

培训经费和培训效果并不一定完全成正比，培训投入的经费越高，并不代表培训越有效。培训管理部门要对培训资金做出合理安排，要在保证效果的前提下量力而行，使培训投入的每一分经费都物有所值。

2. 培训管理方法

有效的培训管理绝不是人力资源部的"独角戏"，而是全公司的联动，全员参与的系统运转工程，由总经理、人力资源部、培训负责人、各部门负责人、各部门培训管理员（一般为兼职）上下合力，通力配合，共同完成。

人力资源部负责公司级别培训、新员工培训、外出培训的计划、组织和实施工作，各部门、各子公司负责做好部门内部培训工作，培训可以灵活采取授课式、视频式、讨论式、情景模拟式等方式，人力资源部负责配合并督促指导，保证各项培训计划顺利完成。

（1）公司级培训

公司级培训针对公司多个部门或公司某个层次的干部员工进行，采取整体规划的定期培训和解决实际问题的不定期培训相结合的方式，主要目的在于不断学习新观念、新知识、新方法，逐步提高管理人员与普通员工的素质与工作技能。具备普遍性、广泛性的公司级培训由人力资源部组织，各部门培训管理员在收到培训通知后配合执行，组织本部门人员按时参加，同时可以根据部门内部需要临时增补培训内容。

（2）新员工培训

新员工培训一般每周或每月统一时间集中进行，由人力资源部与各部门培训管理员负责实施，并整理每月的培训签到表、培训记录、培训总结报告等相关资料，定期交公司人力资源部备案。

（3）外出培训

有外出培训需求的人员需填写外出培训申请表，由部门负责人和分管领导签字后提交人力资源部备案，如涉及培训费用，还需由人力资源部提交至总经理处审批，审批通过后方可外出培训。每人次的培训费用超过一定金额的，参训人员需签署服务协议，未满服务期离职的，需按照协议处理。

外出培训结束回到公司一周内，参训人员填写外出培训记录表交至人力资源部，作为参加外出培训的资料保存。一般回公司的一周内，参训人员要将培训相关的纸质或电子版资料交到人力资源部和档案室存档。一般回公司的两周内，参训人员要将参训内容向公司相关人员分享。

公司承担培训费用的，参训结束后如果有结业证、资格证或其他证明材料，参训人员要将原件交人力资源部或档案室统一存档。服务期满后，人力资源部或档案室将相关证书或材料交还参训人员。

（4）部门内训

部门负责人是部门培训的第一责任人，培训管理员负责协助部门负责人制订培训计划并落实方案，并纳入各部门年度、季度整体的工作计划中，保证内训质量，并于内训前两天通知人力资源部，以便其督促检查。

部门内训讲师可以由本部门人员担任，也可由公司内部合适的人员担任，如有需要，人力资源部可以协助安排合适的讲师资源。部门培训管理员需做好培训、组织、签到、培训记录、培训总结等工作，并于内训结束一周内将培训档案交予人力资源部备案。

（5）继续教育

为提升员工的综合素质和学历层次，公司应鼓励有发展前途和学习潜力的干部员工于在岗期间继续学历教育，鼓励员工参加国家职业资格认定学习。公司骨干参加继续学历教育，如需公司承担教育费用，应填写继续教育申请表，并与公司签订服务协议，经公司相关领导批准后，一切教育费用由公司承担。

3.培训管理流程

（1）培训需求调查

一般在每年11月月底之前，由各子公司、各部门的培训管理员对本部门内部的培训需求进行客观、准确、细致、全面的调查分析，并统一汇总至公司人力资源部培训负责人处。人力资源部培训负责人对培训需求进行分类汇总，对于各部门共性的需求由人力资源部统一组织公司级别的培训，而对于某个部门的个性需求，则由子公司或部门的培训管理员自行组织部门培训。

（2）制订培训计划

根据对员工培训需求的调研，培训管理部门于每年12月月底前制订出下一年度公司级的培训计划，并报公司领导审核批准后执行。各部门参考公司级培训计划，于12月月底前制订出本部门的培训计划，由部门负责人审核批准后，交人力资源部备案。

培训计划需结合参训人员部门的实际情况，详细具体、切实可行，并明确每次培训的培训对象、培训主题、培训时间、培训负责人、培训讲师等，做到分工明确、保障有力，保证培训计划的可执行性。

（3）培训计划的贯彻落实

培训计划一旦通过，就要严格执行，并根据实际需要及时变更培训计划。人力资源部组织公司级培训以书面形式通知各参训部门，参训部门人员要按时参加，并严格执行签到制度。各部门组织的部门培训需至少提前两天通知人力资源部，人力资源部定期对各部门培训计划的执行情况进行跟进。

（4）培训的组织实施

培训实施者须提前准备，做好现场布置、音响投影仪调试、教材道具清点等培训准备工作；培训前 30 分钟到达培训地点，检查参训人员到场情况。参训人员需提前 15 分钟到达培训地点并签到，讲师需提前 10 分钟到达培训地点，熟悉培训场地，保证培训准时按计划、按要求进行。

（5）培训效果评估

培训结束后，培训实施者现场发放调查问卷，对培训效果进行评估总结，形成培训总结报告，与培训签到表、培训记录共同形成一份完整的培训档案，交至人力资源部存档。培训后，培训实施者要与部门负责人和参训人员做持续的沟通和交流，定期跟进参训人员情况。

（6）培训信息汇总

人力资源部汇总每名员工的培训信息和记录，若有人力资源管理系统，则要将培训信息录入系统。人力资源部应定期检查员工的培训情况，包括是否按照培训计划进行，是否达到公司培训要求的培训次数、课程数或课时数。

（二）新员工培训

新员工培训是培训管理中比较重要的一环。它是使新员工全方位地了解企业环境、认同并融入企业文化、坚定自己的职业选择、理解并接受公司的规章制度和行为规范的关键。好的新员工培训，应能使新员工明确自己的工作目标和岗位职责，掌握工作程序和工作方法，尽快进入岗位角色。

1. 新员工培训操作流程

①人力资源部根据新入职员工的规模和情况确定培训时间，拟定培训具体方案，填写新员工入职培训计划报送相关部门确认。待相关部门确认无异议并给出反馈后，发送正式的新员工培训通知。

②人力资源部负责与各子公司及相关部门进行协调，做好培训全过程的组织管理工作，包括人员协调组织、场地的安排布置、培训讲师的沟通安排、课

程的调整及进度推进、培训质量的监控保证以及培训效果的考核评估等。

③培训新员工的讲师不宜为外部讲师，应在公司内部寻找，一般可以由优秀的部门领导或有较丰富工作经验、品行兼优、具备正能量的骨干员工担任。规模不大的公司，可以由公司的创始人或最高领导担任培训讲师。

④人力资源部负责在每期培训结束当日对新员工进行反馈调查，填写新员工入职培训效果反馈调查表，并汇总分析新员工反馈的意见，总结出对培训课程、培训讲师、授课方式、授课时间等予以改进的参考意见。

⑤人力资源部在新员工培训结束后一周内，提交该期培训的总结分析报告，报相关领导审阅。

2. 新员工培训核心内容

新员工培训的内容一般分为两部分：一部分由人力资源部在全公司范围内统一策划组织，集中培训；另一部分由各用人部门负责人根据岗位特性自行实施。

（1）由人力资源部组织的集中培训

①公司概况。包括公司的创业历史，公司的发展历程，公司的现状以及在行业中的地位，公司的品牌影响力、经营理念、经营目标、未来前景；公司的组织架构，各部门的功能和业务范围、人员结构；公司的企业文化、愿景、使命、核心价值观等。

②员工守则。包括公司的规章制度、奖惩条例、行为规范、纪律规范、员工手册、个人仪表、商务礼仪、电话礼仪等。

③入职须知。包括员工入职的程序、需要准备的资料及相关手续办理流程。

④财务制度。包括费用报销程序及相关手续办理流程、办公设备的申领使用等。

⑤人事制度。包括薪酬制度、福利制度、社保和公积金管理制度、考勤制度、绩效考核制度、培训制度、人事档案管理制度等。

⑥晋升通道。包括公司的职务等级划分，晋升条件，晋升的流程、方法、标准等。

⑦安全知识。包括消防安全知识、设备安全知识及紧急事件处理方法等。

⑧实地参观。包括参观公司内部的展厅、展馆；参观具备标志性意义的部门；参观餐厅、宿舍、图书阅览室、工会活动室、党员活动室等公共场所。

（2）由各部门负责人实施的培训

①岗位概况。包括部门职责、部门内用到的政策、部门内的汇报关系、工

作职责、工作汇报流程、岗位对外联络的可能性、岗位用到的相关程序操作方法、岗位相关的设施与设备基本操作方法与保养方式等的介绍。

②个性要求。包括岗位的班次、就餐时间，岗位可能遇到的紧急情况及处理程序，岗位需要用到的规范文件、表格、作业程序、业务知识及技能培训等。

③熟悉环境。包括介绍部门同事，介绍外部可能联络到的部门的同事或领导，介绍工作场所，参观工作相关岗位需要了解的地点等。

3. 新员工培训常见问题

实务中，新员工培训的过程难免会出现一些问题，造成培训达不到想要的效果。常见的问题如下。

（1）信息超载

信息超载指的是在短时间内给员工提供过多信息。这是新员工入职培训中最常见、最普遍的问题。许多培训者为了省事，总希望在短时间内向参训人员灌输大量的信息。然而，人在一定的时间内能够接收的信息是有限的，当信息量超过人所能接收的程度时，人的学习效率会下降，压力会上升，培训的体验和效果会变差。

参考的解决方案如下。

①在培训的初期阶段只包含重要的信息；

②提供纸制材料以便受培训者课后复习，尤其是对于复杂或重要的主题；

③分期、分阶段进行培训，使各项培训之间有时间上的缓冲；

④进行新员工跟进，确保他们完全理解主要的培训内容并回答他们提出的其他问题。

（2）缺少反馈

一般培训操作人员更重视培训的数量、时间、人数，以为培训结束就完成任务了，对于培训最重要的效果却常常忽视。对培训效果的检验仅在培训过程中进行，没有与实际工作相联系，容易造成培训与实际工作脱节。在新员工培训后，很少有企业会向员工了解反馈意见，并分析改进。大多数企业没有互动，不知道员工要什么。没有反馈，不知道将来要对哪些方面进行改进。

参考的解决方案如下。

①按照科学的方法进行培训效果评估（四级评估体系）；

②养成每次培训结束后，形成总结报告的习惯，报告中体现培训的跟进、反馈和效果；

③培训结束后过一段时间，到工作岗位上了解员工的真实想法；定期关注

和跟进新员工的成长和职业发展情况。

（3）体验感差

新员工培训的效果与培训给人的体验感呈正相关，新员工是第一次在企业参加培训，对于公司的培训风格并不了解，所以心中会有想象、有期待，甚至有比较。在这种情况下，如果培训实施者不够重视，不做改进，得过且过，则会进一步影响员工对企业的印象，甚至会影响新员工的留存率。

常见问题如下：有的新员工培训与员工不相关的信息太多；培训中过分强调组织的优点，对组织可能存在的问题避而不谈；培训过程缺乏策略，过多强调一些工作的失败状况或负面情况；培训形式更强调单向的沟通，有的甚至使用录像，而没有给新员工互动的机会、讨论的机会或提问的机会；有的培训是闪电式结束，将培训项目压缩为半天或者一天来完成。

参考的解决方案如下。

①准确把握新员工培训的需求，精心设计新员工的培训课程；

②培训的课程内容要客观、积极向上，要以传播正能量为主；

③除了单纯的课堂授课外，加入游戏、体验、交流、探讨等互动环节；

④课程本身除了传递知识外，还要增加培训讲师与员工间的情感交流。

第二节 人力资源大数据的管理制度

人力资源部需要编制的制度非常多，涵盖了企业管理的各个方面。除了与人力资源管理业务本身直接相关的招聘与配置管理制度、培训与开发管理制度、薪酬管理制度、福利管理制度、绩效管理制度等之外，还需要编制与员工切身利益直接相关的行为规范、工作时间、休息休假等规定。

一、公司劳动纪律

劳动纪律是规范员工行为的必要规定，是保证公司持续、健康发展的必要条件，是公司依法管理的基本文件之一，是公司全体成员必须遵守的基本条例和行为准则。有的公司也把劳动纪律称作"员工行为规范"。

（一）如何编制公司劳动纪律

劳动纪律的核心是具体规定提倡员工做的行为和不允许员工做的行为。

提倡员工做的行为通常包括诚实守信、遵纪守法、廉洁自律、信息安全、客观公正、热忱敬业、维护办公环境、保持商务礼仪、个人安全、主动负责、维护公司利益、主动担当、团队协作等类别。

不允许员工做的行为通常可分成 3 ～ 5 级。以 3 级分类举例，一级违规是最严重的违规行为，属于严重违反规章制度（或劳动纪律）的行为。公司有权与员工直接解除劳动关系且不支付任何经济补偿，同时公司将保留追究员工相应法律责任的权力。二级违规是比较严重的违规行为，公司将给予较严厉的处置。三级违规是较轻微的违规行为，公司将给予较轻的处置。对于员工的违规行为，公司通常可以采取警告、通报批评或扣绩效考核分数的方式处置。

1. 常见的一级违规行为

①触犯了国家法律法规，被依法追究刑事责任。

②徇私舞弊、挪用公款、侵占 / 侵吞公司资产。

③盗窃 / 挪用 / 毁坏公司或同事的财产。

④对公司提供给员工的福利，私自以各种理由截流和据为己有。

⑤滥用职权，违反政策、法令，违反财经纪律，挥霍、浪费公司资财，损公肥私，使公司在经济上遭受损失，如与经销商 / 供应商串通勾结，谋取个人私利等。

⑥内部审计时，以各种直接或间接形式贿赂审计人员。

⑦利用职务之便，要求或接受他人为自己做私事。

⑧利用职务之便，为他人谋取利益。

⑨公款私存私放，挪用公款和私设小金库、账外账等。

⑩蓄意拖欠公司借款超期不还。

⑪未经批准，以公司名义在新闻媒体上发表意见与消息、出席公众活动。

⑫不遵守公司的保密制度，向其他公司 / 个人公开或透露公司机密，致使公司蒙受重大损失。

⑬随意对外泄露公司非公开信息、传播小道消息或将公司档案等材料私自带出公司。

⑭非法使用他人专利、商标、著作权、商业秘密等知识产权。

⑮帮助或允许他人窃取公司资产、信息等机密资料。

⑯未经有效授权，私自篡改信息系统的数据。

⑰在未获授权的情况下，试图进入他人的电子邮件、终端设备、电子文件、集团网络或集团系统中带有限制的区域。

⑱薪资核算人员或有机会查看、接触公司薪资的人员，向他人泄露公司员工的薪资信息。

⑲在各类报告、报表、统计文件上弄虚作假，伪造资料、业绩或使用其他欺瞒手段获取工资、费用或谋取其他利益。

⑳宣传虚假或不完全真实的相关产品信息，给企业造成损失。

㉑出现问题、事故或重大纰漏（如消防、违法犯罪案件、重大损失、工伤、伤亡、怠工等），隐瞒或不及时上报。

㉒没有事实依据随意控诉，给他人或公司造成损失。

㉓在招聘、激励、升迁等工作中不遵守公开、公正、公平的原则。

㉔伪造或提供虚假简历、学校及其他人事档案的基本信息。

㉕在公司的各类文件、报告、申请单、审批单等文件上代替他人签字或伪造他人签字。

㉖纵容、放任他人做假业务、假合同、假发票，将允许或默认下属变相侵占或不当获利作为手段来调动其积极性。

㉗利用职务之便篡改考勤记录。

㉘报销业务费用时弄虚作假，使用虚假发票报销或使用与业务不符的发票报销。

㉙虽然使用真发票报销，但报销的费用并未用作公司业务的开展。

㉚在财务报销、招待用户方面假公济私，如利用公款吃喝、旅游等。

㉛违反消防和危险品管理制度，造成火灾或重大损失。

㉜未经审批程序私自签署合同给公司造成损失，或违反用印管理流程，伪造、私刻或盗用公司印章或者将各类印鉴挪作他用。

㉝招摇撞骗，给公司带来巨大损失或给公司品牌带来较大损失。

㉞制造、传播、散布有损公司形象和声誉的消息，致使他人或公司蒙受损失。

㉟违反规定借用公款、公物或将公款、公物借给他人。

2. 常见的二级违规行为

①违反企业管理流程，违反现有流程或私建流程执行工作任务。

②打听其他员工的薪资水平或向其他员工或竞争对手透露自己的薪资水平。

③在非吸烟区域内吸烟。

④在工作时间喝酒或酒后上岗。

⑤玩忽职守或擅离职守，给企业造成事故或损失。

⑥违反工作制度和纪律，拒不服从合理的工作分配。

⑦工作时间打扑克、下棋、睡觉、干私活。

⑧在工作场所（含员工宿舍）喧哗吵闹、与他人产生口角、聚众滋事、打架斗殴。

⑨损坏公物，影响公司正常的工作秩序。

⑩未经许可，擅自闯入核心工作区域。

⑪在没有得到相应授权和没有在接待处进行来访者登记的情况下，帮助或允许非公司人员通过门禁或安保处进入公司的非对外区域。

⑫玩忽职守，违章指挥，忽视安全规章制度。

⑬从事、参与、支持、纵容对公司有现实或潜在危害的行为。

⑭滥用公司的资源和影响力，损害公司声誉的行为。

⑮不顾及公司整体利益，以个人主义、小团体主义及部门本位主义为重。

⑯发现危害公司利益的行为，不管不问，拖延上报或进行隐瞒。

⑰因利益关系，对业务单位或个人的合同、账簿、费用凭证等有关资料疏于审查，为他人侵占企业利益变相提供便利。

⑱由于个人未能妥善保管公司的文件、证件、印章、票据、账簿、合同等资料，造成公司机密或信息泄露，从而给公司造成损失。

⑲未经批准，随意销毁公司的文档、凭证、档案。

⑳未经批准，以公司的名义进行担保、证明（盖章）。

㉑未经批准，擅自为外部相关部门或个人提供数据信息。

㉒对工作中的问题，自身无法解决却不暴露或不积极寻求解决方案而是采取回避态度，给公司造成损失。

㉓不遵守公司的规章制度和工作流程，超越职责范围，滥用职权，在工作中发现问题后不通过正常途径反馈并寻求解决方案，或者故意欺上瞒下。

㉔对不明事项的审批，不经落实就盲目签字，造成公司的损失。

㉕当其他员工出现违规或犯错行为时，通过各种方式进行隐瞒、掩盖或包庇。

㉖将自己的工作服、工牌或其他员工的工作服、工牌借给任何其他人员，包括公司内部员工和非公司内部人员。

3.常见的三级违规行为

①在办公时间阅读与工作无关的报纸、书籍或做其他与工作无关的事。

②工作时间浏览与工作无关的网站、下载与工作无关的网络内容、聊天、玩游戏等。

③随意猜忌他人，划小圈子，恶意攻击与诋毁同事，影响他人的正常工作或生活。

④上班时间私自外出。

⑤私自将办公用具据为己有。

⑥明显不当使用公司重要设施、设备、网络或系统，造成损失。

⑦大手大脚，浪费公共资源。

⑧粗心大意，不关电脑等办公电器。

⑨在墙壁、办公桌上乱涂乱画，随意踩踏桌子、椅子，不爱护办公设施。

⑩携带危险品进入工作场所。

⑪不开机、不接或不回办公电话，对工作造成负面影响。

⑫工作中推诿，找各种理由推脱或者观望，逃避责任。

⑬下属出现问题后，简单地以罚代管或者推卸责任。

⑭领导干部本人不能以身作则，给下属造成不良影响。

⑮工作中"各自为战"，对部门间的协同采取消极或不合作的态度。

（二）编制劳动纪律注意事项

劳动纪律不单是"有没有"的问题，还是"是否能起到作用"的问题。所谓有效的劳动纪律，就是能够在企业中真正落地并发挥作用的制度。所谓无效的劳动纪律，就是只写在纸上、留在嘴上、挂在墙上，没有得到真正应用的制度。为了让劳动纪律有效，在编制时需要注意以下事项。

1. 范围要全面

公司的规章制度应该全面，应当包含期望提倡和避免的各类员工行为，做到有据可查、有章可循。如果某类有损公司利益的行为经常出现，而公司的规章制度中没有明确规定禁止该行为，则应尽快重新评估并完善规章制度。

2. 内容应量化

在管理实务中，为了界定行为的性质归属，公司的规章制度应尽量做到量化。例如，若因员工过失给公司造成损失，应规定属于哪一级违规。如果规章制度中采用"数额巨大""金额较高"之类的含糊词语，一旦情况真的发生，便无法判断。

3. 行为可获取

要使制度中规定的内容能够真正得到执行，在制订制度之前，要想到如何"获取"员工行为发生的证据。例如，某公司的规章制度中规定员工不得挥霍、浪费公司资源。那么，同时要想到如何能判断和审查出员工在挥霍和浪费公司资源；或者说，当什么样的具体事件发生时，公司要通过何种方式获取员工挥霍和浪费公司资源的事实。

有人说，不能够获取的制度条例就不需要规定。这种观点也是片面的。想到如何获取固然重要，但让每一条制度都能够真正实现获取并不现实。即使能够做到，公司或许需要为此付出巨大的管理成本，这种管理上的付出与回报往往得不偿失。除了惩戒，规章制度本身是有学习、警示、规范、引导等作用的。所以，在制订规章制度时，不能一味强调获取而忽略全面性。

4.过程需记录

对于员工日常对规章制度的遵守与违反情况，人力资源部要做好详细的记录。记录的内容不仅要包括事实和结论，还应包括全部的证据资料。对劳动纪律的记录结果，应体现在员工的晋升、降级、培训、福利等方面。

二、考勤管理制度

考勤管理制度，是企业为了规范员工出勤而制订的制度。有效的考勤管理制度能够严肃公司劳动纪律，维护正常工作秩序，优化公司管理体系，提高管理效率。

（一）如何编制考勤管理制度

考勤管理制度中最关键的内容是规定如何汇总考勤记录、如何规范加班流程、如何规范请假流程以及如何管理和考核考勤汇总及管理人员四个方面，具体内容如下。

1.关于考勤记录

对于实施人工手划考勤的公司，考勤的原始记录采用考勤表的形式，必须使用碳素笔记录；如出现笔误，不允许涂改，只允许划改，在划改处要有记录人员签字。下级的考勤表，必须由直接上级或直接上级指派的专人进行记录。

全勤天数＝本月总天数－周六周日休假天数－法定节假日休假天数。

例如，某月为31天，周六日为8天，无法定节假日，则本月全勤天数为23天。

对于安装考勤机、实行打卡考勤制的公司，公司所有人员上下班都应打卡。除公休日和法定节假日外，未按时打卡且无有效未打卡事项说明者，可视为缺勤。未打卡事项说明的格式模板如表5-2-1所示。

表 5-2-1　未打卡事项说明模板

姓名		工号	
未打卡时间	年　月　日		
未打卡原因			
审批意见	直属领导	部门负责人	人力资源部

将上午班和下午班分开管理的公司，可以规定一天打卡四次（上午上班、上午下班、下午上班、下午下班）。规定一天打卡四次的公司，上下班两次打卡之间为一个时间段，任意一次未打卡且无有效未打卡事项说明的，视为该时间段未出勤。例如，某公司上午上班时间为 8：00—12：00，早晨上班按时打卡，但上午下班未打卡且无有效请假条的，则视为上午未出勤。

对于迟到和早退，不宜直接扣款。有两种方式可以参考：一是采取公司内部通报批评公示的方式；二是采取扣减绩效考核分或者日常行为分的方式。如果迟到和早退超出了一定的时间范围，如迟到超过 2 个小时，可以规定打卡无效。

确实因各种原因不能按时打卡的，必须填写未打卡事项说明，并详细注明未打卡原因及未打卡时间，由相关领导逐级签批。所有的未打卡事项说明与考勤表一起于每月固定时间前汇总至考勤管理员处。

凡无确凿证据证明是工作原因导致未打卡或未打卡事项说明描述的原因不符合工作原因的要求或含糊不清的，一律视为旷工，此时的未打卡事项说明即使由领导签批也应视为无效。同时，对签批此类未打卡事项说明的领导也应给予批评。

如果考勤机损坏造成无法打卡，应第一时间通知考勤机管理人员。在考勤机维修期间，所有考勤采用人工手划考勤的形式。

对于员工旷工，部门负责人必须第一时间通知人力资源部，人力资源部根据公司劳动纪律或相关制度依次发恢复上班通知函和解除劳动关系函。

2. 关于加班

员工加班前，必须提前填写加班申请单，注明加班的原因、内容、工作量、加班时长等，由本部门负责人于次日审核工作完成情况、工作量和加班时长是否相符、是否属实。加班申请单的格式模板如表 5-2-2 所示。

表 5-2-2　加班申请单模板

姓名		工号	
加班时间			
加班原因			
加班费用需求			
审批意见			
直属领导	部门负责人	人力资源部	分管副总经理

　　加班申请单汇总至考勤统计人员处，由考勤统计人员按月报送至人力资源部。加班申请单是人力资源部承认的唯一加班凭证，当天的加班申请单应当天填写。法定节假日加班的，因特殊情况加班过程出现人员变动，后补的申请单必须在法定节假日结束后的几个工作日内交人力资源部，逾期则申请无效。

　　加班原则上应采用倒休的方式予以补偿。由各部门负责人根据部门的实际情况安排倒休。倒休后，由考勤统计人员在加班申请单上标明"已倒休"。

　　3.关于休假

　　公司的休假类型分为公司统一安排休假、年休假、探亲假、婚假、丧假、事假、病假、产假、流产假、工伤假。员工除正常休假外，其余时间休假必须填写请假单。请假单原则上须在休假前填写，如遇特殊情况，必须在上班前以电话或短信的形式通知部门负责人，部门负责人明确表示同意后，由部门负责人指派人员代走请假单程序。无请假单又无出勤的，视为旷工。请假单的格式模板如表 5-2-3 所示。

表 5-2-3　请假单模板

请假人			工号		
请假类型	□事假	□婚假		□年休假	□探亲假
	□丧假	□病假		□产假	□工伤假
请假时间					
请假理由					
审批意见					
直属领导	部门负责人	分管副总经理		总经理	

年休假、探亲假、婚假、丧假、病假、产假等按照国家相关的法律法规执行。在国家相关法律法规规定范围内的婚假、病假、产假等休假天数视同出勤。正常的婚假、病假、产假等假休满后需要继续休假的，按事假处理。

员工在办理婚假、病假等请假手续前，必须及时提交相关的请假证明。例如，在请婚假前，必须向人力资源部提供结婚证；员工请病假时，必须提供正规医院开具的病历和诊断证明。无相关证明者，按事假处理。

对事假天数的审批应遵循公司的权限规定。例如，有的公司规定主管级有权审批7天以内的事假；经理级有权审批14天以内的事假；总监级有权审批30天以内的事假；副总经理级有权审批60天以内的事假；60天以上的事假，必须由总经理审批。对于为避免审批权限限制而连续多次走请假单程序的事件应严肃处理。

4. 关于考勤管理人员

考勤统计和管理人员对每月考勤的整理汇总要满足及时性和有效性。上月的考勤一般在次月6日前全部汇总核对完毕并报人力资源部。人力资源部要严格把关，按照考勤管理制度对员工的考勤进行复核，按照上月考勤情况核算工资，确保薪酬核算的严肃性、真实性、准确性。

考勤统计人员要严格按照考勤管理制度核对考勤。考勤统计和管理人员不遵守考勤管理制度、不客观真实地反映考勤情况的，属于违反公司劳动纪律的一级违规行为，公司有权解除劳动关系并不支付任何经济补偿；给公司造成经济损失的，公司保留追究相应法律责任的权力。

（二）考勤管理制度注意事项

在制订和实施考勤管理制度的过程中，人力资源管理人员常常会遇到以下问题。

1. 如何核查考勤

即使再小的公司，考勤管理制度也应利用电子信息系统，而不应采取人工的方式核对。人的工作主要是对电子信息系统导出的结果做最后核查。为保证考勤的准确性和严谨性，至少应设置两个以上的核查环节。

2. 如何一视同仁

考勤管理人员常常面临一个难题：如果公司的中高层领导考勤有问题该如何处理？例如，某中层领导习惯我行我素，没有打卡考勤的习惯，缺卡情况严重，如果按照考勤管理制度则该领导应算作未出勤。鉴于该领导可能具有的影响力，人力资源部该不该考虑网开一面？

在中国传统的民营企业中，这种问题最为常见，给分管考勤的人力资源管理人员造成了很大困扰。如果网开一面，那么该领导还是不会重视打卡考勤，考勤制度形同虚设；如果严格执行，该领导势必对人力资源部有意见，未来人力资源的管理工作开展起来也会遇到困难。

这类问题最好的解决办法是请更高层的领导出面，让高层领导在公开的会议上要求人力资源部必须严格执行考勤管理制度，不论是谁的考勤出问题，一律一视同仁。只有这么做，人力资源部在执行中才能切实做到一视同仁。

3.考勤结果公示

在每月的考勤结果确认之前，应对考勤结果进行公示。有异议的职工可以向人力资源部进行申诉，提供相关证据，核销考勤核对结果的错误。人力资源管理人员切不可只按照考勤机的数据一刀切，要核查和核实相关事实，确认员工的申诉，不能过于死板。

第六章 人力资源大数据平台建设

随着互联网的发展，一系列新兴移动互联技术和相关应用逐渐从消费层面向产业层面渗透，并从根本上改变了传统产业的生产模式。产业互联网在生产制造行业的发展，促进了工业 4.0 时代的到来。这一时代的人力资源信息智能化建设显得愈发重要和紧迫。

第一节 人力资源管理的信息化发展

一、智能分析，对标决策

在互联网时代，大众创新，万众创业，人力资源管理领域也出现了新的变化。创新、引领和激励成为这一时代的关键词。

去中心化、去 KPI、自组织、阿米巴、合弄制是这个时代的流行语。

移动化、社交化、智能化、大数据技术驱动逐步成为趋势……移动设备让人们随时随地联系任何人……

如何建立一个智能化的人力资源管理信息系统平台，对标决策，是每一家公司人力资源经理的必修课。

建立一个完整的人力资源管理信息系统，可以对内外部运营数据、舆情、对标数据进行收集、处理以及大数据技术智能分析，为企业管理者和决策者提供管理驾驶舱、用户画像，让数据说话，建立事前有预测、事中有监控、事后有分析的决策新机制，从而让管理者能更快更容易地做出更好的"选用育留"的决策，助力业务获得更大的发展（见图 6-1-1）。

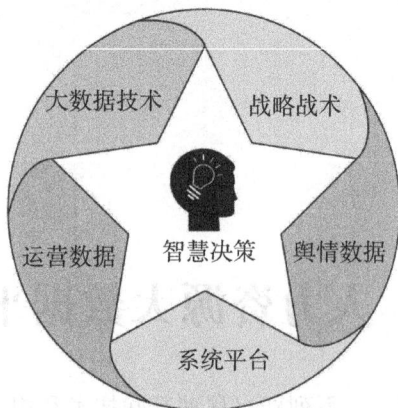

图 6-1-1　人力资源大数据智慧决策

二、对接集成，系统一体化

人力资源的"选用育留"管理需要很多系统支撑，通常一个 Core HR（核心人力云）要包含组织管理、岗位管理、基础人事与工薪管理等主要功能，无论使用的是国际品牌，如 SAP HR、PeopleSoft、Workday 等，还是国内的用友、金蝶等，Core HR 都是基础核心模块。除此之外，招聘、学习、绩效、薪酬等是必不可少的模块，将这些模块有机地连接起来构建一体化的信息平台，打破信息壁垒，将为下一步大数据智能化分析打下良好的基础。下面我们先来看看一些主要模块是如何进行大数据分析的。

（一）人力 HC（资本）预算编制模块

在人力资源 HC 计划设计中，利用大数据挖掘技术，搜索、收集、清理、调用内外部信息（包括历史经营数据、政策变化内容等），通过对这些信息的加工处理与建模，模拟仿真可能发生的人员成本、人员绩效，乃至人员流动的变化情景，综合分析得出现有组织内人力使用情况以及人力成本报告，并对其现状合理性进行评估，对企业未来的人力资源 HC 编制以及人力成本做出预测并提出调整建议，方便企业管理层决策。

（二）招聘模块

通过人力 HC 预算编制、人力成本分析，再加上人岗匹配盘点，就可以计划招聘工作了。建立智能搜索引擎与人才雷达，当有职位空缺时，智能搜索引擎会自动从人才简历库中匹配并精准推荐人选给面试官；同样，对于求职者也要实现精准推荐。另外，根据离职预测系统发布的人员预警，分析人员离职率和离职原因，向招聘主管提供补缺建议以供参考。

（三）绩效管理模块

基于 VUCA（不稳定、不确定、复杂、模糊）时代的绩效考核该何去何从？是继续传统的 BSC（平衡计分卡）、KPI，还是基于敏捷的 OKR？目前多家企业开始尝试取消绩效考核的"强制分布曲线"与"末位淘汰制"，代之以全新系统。经理对员工的管理与考核主要通过"持续沟通"进行，考核结果不出现数字，也尽量不与奖金和薪资直接挂钩。例如，GE（通用电器公司）的 PD（绩效发展）@GE，IBM 的 Checkpoint 与 ACE 等。这些都是我们设计系统的参考。

（四）薪酬模块

新时代基本工资、奖金等对员工的激励效果在逐步减弱，而股票、福利、内部创业等新形式更受员工关注。建立一个价值创造、价值评估、价值输出的公平的薪酬评价体系是努力的方向。

（五）学习与发展模块

随时随地学习的 App 遍地可见，游戏化学习也如雨后春笋般涌现，自主学习、有效学习、直播、个性化推荐课程、链接晋升、云化等是 VUCA 时代学习的新特点。

总的来讲，人力资源信息平台要解决"入离升降调、选用育留管"的系统集成问题，同时进行结构化数据与非结构化数据沉淀，通过大数据分析，对业务进行预警预测，使报告可视化，为管理层决策服务（见图 6-1-2）。

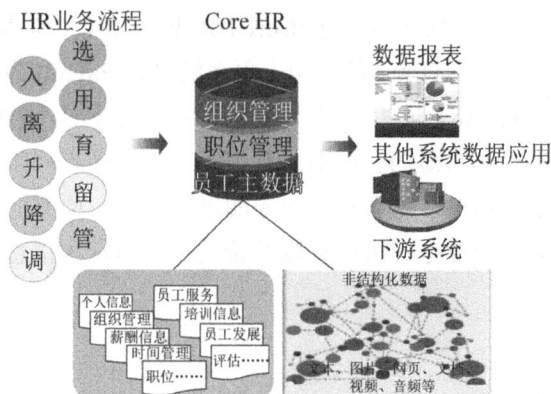

图 6-1-2　人力资源信息平台

三、基于人力资源信息系统的数据应用

（一）典型案例分析

人力资源信息系统的发展经历了不同的时代，产生的作用与影响也各不相同。

PC 时代：各个模块逐步线上化，实现办公室自动化，能进行简单数据分析以及提供标准报表，满足基本数据处理需求。但由于企业发展不同阶段开发的不同系统的连通性较弱，容易产生信息孤岛。

互联网时代：系统建设开始考虑互联互通，把 HR 内部零碎的信息、孤立的应用变成一个互相连接、有机组成的完整系统，数据开始了交换与集中处理，可以进行多维度的数据分析，为管理者提供报表参考，帮助其进行决策。但此阶段能处理的还是结构化数据，对于大量文本、外部信息等，还不能有效利用，进而挖掘内在规律，为决策服务。

移动互联网时代：这一时代是万物互联社会化大协同的时代，信息化主要解决半结构化问题与非结构化问题。移动终端设备与移动 App 快速发展，二者及时连接会产生海量数据，通过大数据技术，对内外部结构化与非结构化的数据进行清理、建模、分析，利用过去的数据预测未来，预测企业的各种运营情况，利用信息来调整和控制企业行为，帮助企业实现其规划目标，真正利用大数据辅助决策、助力企业发展。

以百度人力资源信息化进程为例说明这几个阶段的建设历程，百度的人力资源信息化工程至今可分为三个阶段。

第一阶段：PC 时代。2010 年以前：公司的人力资源信息化处于基础应用阶段，主要体现为人力资源主数据库 [Core HR+Payroll（工资表），其中包括组织、岗位、人事、薪资信息等] 的运用，更多的是以 Payroll 为主的系统，不能作为 HR Master Database（人力资源主数据库）。而外围入离职系统功能相对较简单，报表应用也相对薄弱，周围还有很多业务发展不同阶段开发的独立系统，形成了不少信息孤岛。随着百度业务的迅速扩展，原有的体系已经不适用于日益增长的人力资源业务，因此百度开始进行人力资源信息系统的升级和优化（见图 6-1-3）。

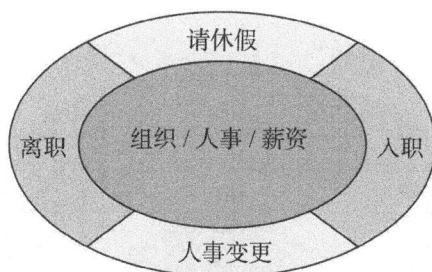

图 6-1-3　PC 时代的人力资源信息系统架构

第二阶段：互联网时代。2011—2012 年：百度人力资源信息化全面发展与提升阶段。

人力资源部与技术部成立联合项目组，打了一场人力资源信息化"战役"——集中优势"兵力"利用一年时间重新打造 HR 系统，敏捷开发，快速迭代，实现"入离升降调，选用育留管"建设的一步到位。

第一，重新规划人事主数据，完善 HR Master Database。在原有的薪酬系统（Payroll）基础上进一步完善员工的基本数据，如家庭情况、教育背景、工作经历、绩效信息、评价信息等，并对已有的数据进行校准，为建立多样化的数据库奠定基础。

第二，外围系统的梳理与重新建设。这部分主要分为两个方面：一是实现外围系统从"0"到"1"的建设，如自主开发了人事变更系统、试用期管理系统和绩效管理系统等。二是实现从部分到整体的优化和完善，如将人力资源主数据库和系统对接，克服了原先需要手动导入导出带来的不便。

第三，完成数据线上流转。基于员工在企业内的生命周期，实现员工从招聘、入职、培训、试用、学习、考核、发展等一系列数据在系统互通互联的基础上能够自动流转，完善报表系统，利于多维度的数据分析。

第三阶段：移动互联网时代。互联网技术的快速发展，使人与人、人与机器以及机器与机器之间的连接成为现实。百度正着手建立互联互通的人力资源管理系统。第一，继续完善与发展全生命周期的人才管理；第二，在组织文化层面探索系统方式支撑公司战略；第三，强化共享服务平台的关联，以产品思维推进系统建设；第四，建设统一数据平台，进行数据沉淀，为大数据分析奠定基础（见图 6-1-4）。

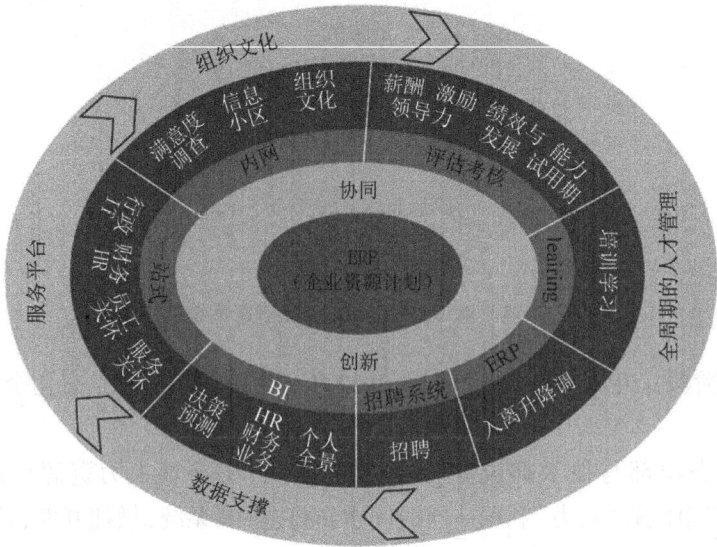

图 6-1-4　移动互联网时代的人力资源信息系统架构

例如，在 2013 年左右，百度就研发了企业内部使用的人力资源类 App 应用，如度学堂、度生活等。

度学堂：百度公司内部员工培训软件，分为手机移动端和电脑客户端，可以为员工提供以下服务：

报名参加各种企业培训、学习、考试和调查活动；观看各种直播或录播的专题讲座；下载学习课程至移动端，可以随时随地观看；实现用户原创，员工可上传自己制作的课程。

度生活：主要为员工提供工作和生活等便利服务，也分为移动端和电脑客户端两个版本。度生活中有各种频道，几乎囊括了日常生活的方方面面，如购物、医疗、美食、工作等，使员工可以快速了解公司信息和动态，享受公司的各种福利。

同时，百度从 2013 年开始在数据化方面，致力打造商务智能仪表盘、个人全景图，为管理层直观展示人才结构和多维分析，助力决策服务。此外，百度还开展了用户画像、预警、预测等项目的探索，为未来进一步的研究奠定了数据基础。

2015 年，百度开始打造"Smart HR"：运用产品思维、新技术通过"四化"助力，连接员工与 HR 服务（见图 6-1-5）。

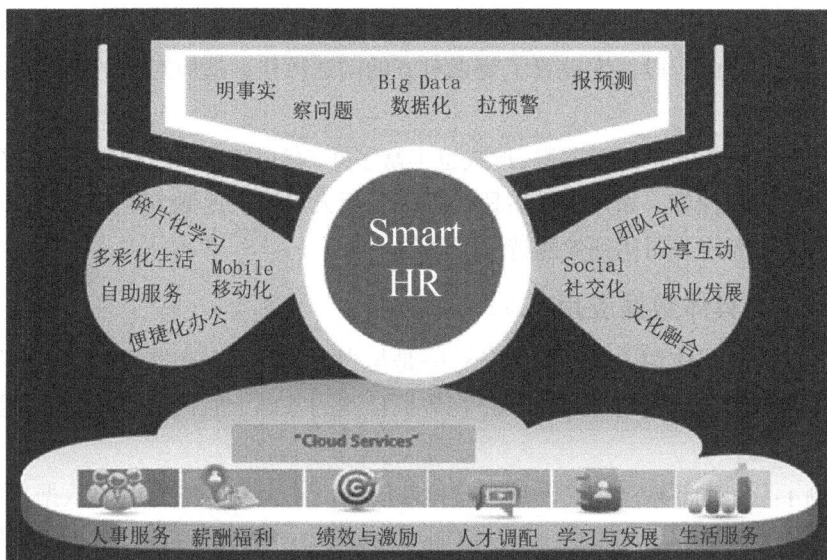

图 6-1-5 Smart HR

数据化（明事实、察问题、拉预警、报预测）；

移动化（便捷化办公、自助服务、多彩化生活、碎片化学习）；

社交化（团队合作、分享互动、职业发展、文化融合）；

智能化（应用云、数据云、服务云）。

2015 年年底上线的游戏化学习平台，也是度学堂的有益补充。以其中项目之一"新兵职业化之旅"为例，希望通过 6 个月的学习将新兵打造成可以上战场的专业战士。这是一个为期 6 个月的线上线下相结合的学习体验，并将这 6 个月的学习体验，按照不同的心理感知分为蜜月期、定位期、崛起期和成熟期。

①蜜月期。新员工初到职场一切都是新鲜而未知的，对工作充满了期待。针对该阶段的员工，百度设置了信息安全、百度人才观、百度业务、组织结构透视、百度发展史等课程，帮助员工了解公司文化和制度，使其快速融入。

②定位期。处于该阶段的员工经历完蜜月期后，开始定位自己的工作方向。此阶段百度设置了职业化水平测试、基础沟通技巧、邮件撰写技巧、高效开会、时间管理等课程，帮助员工定位自己目前的职业化水平，使其迅速掌握基本的职业通用技能。

③崛起期。崛起期是员工全力以赴的阶段，需要更多的沟通与协作。此阶段百度设置了向上沟通、结构性思维、职业沟通方式等课程。

④成熟期。此时员工已经基本适应工作氛围和节奏，会参与更多的跨部门、跨团队协作，此阶段百度设置了辨识对方的沟通风格、适应对方的沟通风格等课程。

该项目涵盖的十几门课程，形式也丰富多样，有Flash课件、视频课件、考试、测评以及微课程等。通过4个阶段的训练，新人可以快速融入、成长，并最大化产出，从而使公司达到效能持续提升的目的。

（二）具体数据应用

百度的数据应用主要有两部分：一是与当前业务状况和需求相结合的数据分析，占总数据应用的70%，二是在数据预测的基础上所做的规划，占总数据应用的30%。

例1：通过商务智能仪表盘，监控部门内员工人力资源的主要数据（如关键人才比、关键人才离职率、员工离职率趋势等），直观地反映部门人才动态。

例2：通过记录员工的职位变动，绘制员工的发展轨迹，从而观察企业人才流动状况。

例3：在数据预警、预测方面，进行大数据的舆情分析，非结构化数据的语义分析，以及离职、高潜人才预测等方面的尝试等。

在人力资源信息化建设的过程中，各个阶段的主要任务和重点都不尽相同。从基本的薪酬系统、全流程生命周期的管理，到大数据战略与义务，侧重点逐步升级，HR的状态也由被动到主动，其地位越来越重要。

四、人力资源信息化的建设及启示

（一）百度人力资源信息化建设的经验总结

在建立人力资源系统之前，业务流程的梳理和优化是必不可少的。2012年，百度在建立新系统之前，就进行了数月的人力资源业务流程梳理和优化。

1.人力资源内部业务流程梳理

成立项目组，通过对各部门的访谈和业务梳理，整理出当前业务流程；同时发现人力资源模型中存在的问题，归纳提炼诊断报告，为之后的系统设计做好准备。

2.与业务部门深入碰撞和to-be设计

项目组联合人力资源各业务负责人，以及技术团队负责人，对标最佳实践，以专题研讨会的形式，向业务部门呈现人力资源业务流程的规划方案和构思，收集业务部门的反馈和建议，经过多轮碰撞，最终形成 to-be 蓝图设计文档。

3. 汇报与决策

在业务梳理过程中，对流程中的重要节点以及职责交叉区域，进行汇总提炼，给出建议方案，上报管理层做最终决策。

4. 系统开发，快速迭代，越变越"美"

依据 to-be 蓝图设计，技术团队形成系统设计文档，集中优势力量，分成若干小团队，采用敏捷开发、场景化、并行开发的方式，快速迭代，在 2012 年实现了人力资源系统的升级和人力资源数据库的改造。

（二）百度人力资源信息化的建议和启示

1. e-HR（人力资源管理系统）在"互联网＋"时代做"减法"

人力资源信息化是一项耗时耗力的庞大工程，许多公司希望该系统可以实现更多的功能，因此将有限的资金分散投入各个功能的开发中，结果每个功能的效果都不尽如人意。企业应该有所侧重和选择，根据目前管理层面对的主要问题，排出优先级，将资源投入主要问题中，解决实际问题。

2. 助力员工服务，提升用户体验

关注高管、员工、HR 的需求，实现场景化和平台化，完善升级系统，让员工在日常生活和工作中可以随时享受 HR 服务，实现"小温馨，大体验"。

第二节　人力资源大数据业务模型与平台建设分析

从业务角度来看，不仅要为管理者和 HR 提供准确、快速的报告，还要能够及时预测，帮助管理者做出正确的决策。而要实现这一功能，传统的 BI（商务智能）数据分析已经无法胜任，因此需要建立新的人力资源大数据平台。

人力资源大数据平台的建设主要分为三步。第一步是对各类内外数据的收集、加工、存储，以及数据的标签化；第二步是对不同的场景和业务进行分析、建模用户画像和预测预警等；第三步是建立决策支持系统，根据场景输出各类建议报告。

人力资源大数据平台的逻辑架构主要分为四层，分别是系统层、数据层、分析层和展示层。以下以百度的人力资源大数据平台——"才报"为例进行介绍（见图 6-2-1）。

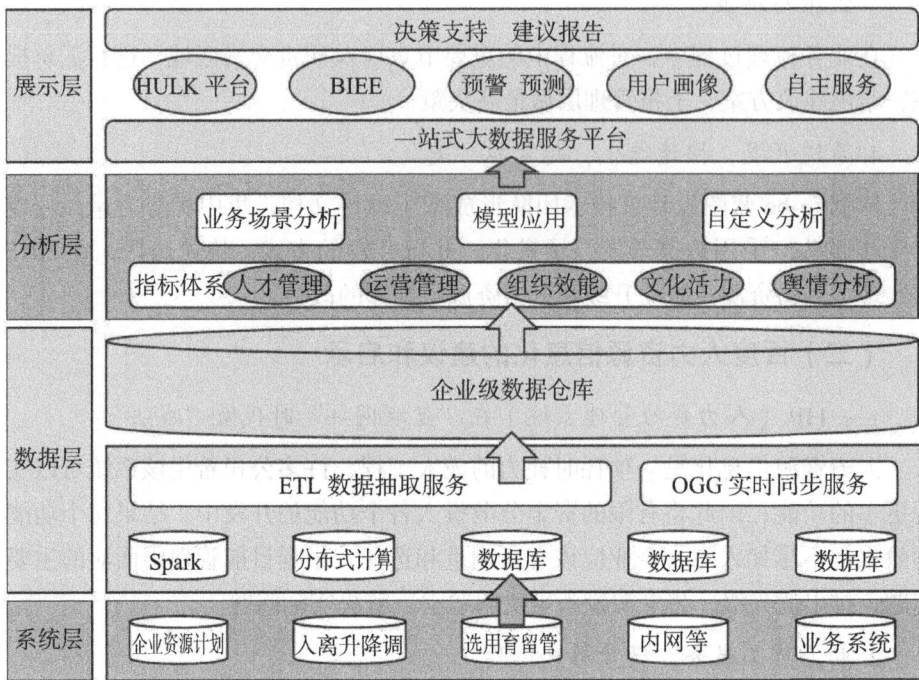

图 6-2-1 百度人力资源大数据平台架构

一、系统层

系统层是基础，是入离升降调、选用育留管的建设（见图 6-2-2），可以理解成数据收集层，数据埋点、信息收集、流程优化、系统迭代，都在该层实现；这就要求我们的系统是互联互通的，数据是动态的端到端流转的。事实上百度除了 Core HR 之外，还外挂了几十个自己开发的系统，由于场景不同、耦合程度不同，这些系统之间怎么去打通，数据怎么去自动地流转并确保是唯一数据源都是要解决的问题。

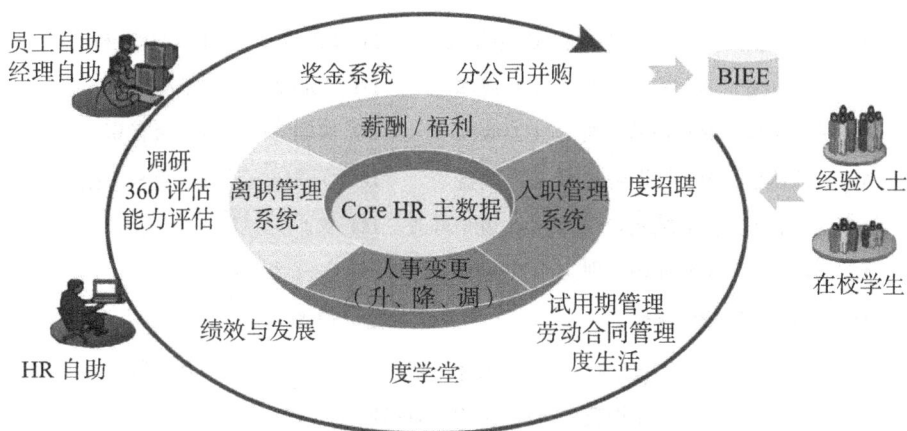

图 6-2-2　人力资源大数据平台系统层

二、数据层

数据层包含数据的清理、处理、提取、保存、标签化等，该层数据处理主要包括结构化数据和非结构化数据。

在数据加工过程中，有可能出现数据缺失的现象，这就需要不断完善和升级系统，针对系统的漏洞进行查漏补缺。所以，系统层与数据层是相辅相成的关系，螺旋上升，互相促进。

三、分析层

分析层包含系统主题分析、自定义分析、指标体系建设和模型建设等。例如，从描述过去发生了什么到诊断问题，再到找寻出现问题的原因。根据历史数据，通过分析建模和机器学习，找出其中存在的关系，而不是像之前一样，先提出假设，再通过分析验证。分析层可以对数据进行及时、准确的分析，并提供预测功能，进而保障管理者决策的正确性。

"才报"系统的指标体系主要分为人才管理、运营管理、组织效能、文化活力、舆情分析五部分，共涉及 200 余个具体指标，涵盖了人和组织的分析维度以及所有 HR 职能的衡量维度（见图 6-2-3）。

A. 人才管理	B. 运营管理	C. 组织效能	D. 文化活力	E. 舆情分析
A1. 组织结构	B1. 招聘管理	C1. 成本	D1. 入职来源	E1. 内部信息
A2. 员工结构	B2. 薪酬管理	C2. 收入	D2. 离职去向	E2. 外部资讯
A3. 人才队伍	B3. 培训管理	C3. 收益	D3. 纵横向流动	E3. 第三方报告
A4. 个人状况	B4. 绩效管理	C4. 组织再造	D4. 敬业度	E4. 预测
A5. 高潜	B5. 离职管理	C5. 预测	D5. 满意度	
A6. 预测	B6. 预警		D6. 预警	

人才回报指数　　　　　人才配置指数　　　　　人才质量指数

人才敬业指数　　　　　组织气氛指数　　　　　运营效率指数

图 6-2-3　指标体系示例

四、展示层

展示层主要包括用户画像、报告建议和各种分析报表。例如，通过播放器的形式动态展示调入调出、升降调转等数据。通过人才迁徙图可以分析人才的来源、发展与流动；通过入职来源、在职情况、人员流失图可以分析企业的人力资源情况。再如，在人才发展层面，企业管理层可以对人才进行比较，分析员工的不同特点和优势。

五、实施步骤参考

人力资源大数据平台建设可以分为五个层面进行梳理。第一，对内外部数据进行整合，建立 HR 主题大数据仓库；第二，对数据进行人才标准量化；第三，管理实践场景化；第四，深入整合业务属性；第五，流程集成一站式数据分析服务，大数据有助于完善流程，这是一个螺旋循环上升迭代的过程。

第三节　人力资源大数据平台建设案例

一、百度的人力资源大数据平台

（一）百度人力资源大数据发展阶段

百度人力资源数据分析经过 HR 与技术团队的共同探索与实践，在过去近 10 年的发展历程中经过几次关键迭代更新，逐渐发挥越来越多的作用与价值。其中最为瞩目的当属 2014 年开始的利用大数据助力战略与业务的改造——建立了员工"工作、生活、学习、发展"的完整服务生态圈，在提供高度自动化服务的基础上，利用大数据挖掘的方式建立起来的"才报"在人才和组织管理上为业务提供科学的决策支持，让 HR 拥有更广阔的战略视野，为业务发展及人才战略规划注入新的活力。

百度人力资源管理信息系统经历了几个阶段的迭代发展，而这个过程也是数据分析与才报逐步演变的历程。

1. 1.0 时代关键词：静态、结果

2011 年以前，百度 e-HR 处于 1.0PC 时代，主要承担工资核算、入离职等基础事务性、流程性的工作。此时的数据基本处于简单分析阶段，多为单维度分析标准报告，集团要数据需要汇总多处的数据，维度也不尽相同，耗时耗力，最终结果也不尽如人意。

2. 2.0 时代关键词：过程、动态

2012—2014 年为 e-HR 2.0 移动互联时代，除了事务性、流程性的工作，e-HR 在员工管理方面更看重全流程生命周期管理。在人才管理、组织文化、服务平台、数据支撑四个层面夯实基础、精耕细作，注重协同与创新，打造互联互通的更贴合业务的系统。具体到数据层面，标配报表已经不能满足业务要求，开始建立自己的数据平台，包括多维度分析 BI、BIEE、EPS（每股盈余）等分析工具与系统。通过报表数据可观测组织的健康状态。之后 2.0 时代还经历了多次小步快跑迭代，开始提供更加智能化、个性化的报表，并引入移动化自助服务等。

3. 3.0 Smart HR 关键词：大数据、互动、业务价值

2014—2016 年为 e-HR 3.0 Smart HR 时代，在业务转型和高速扩张的环境下，百度需要 HR 从组织资本和人力资本的角度协助业务决策，HR 的工作重点开始提升至为业务产生价值——在此期间不断探索与实践，逐步建立起大数据平台才报，通过更具交互性的系统，利用大数据预测、控制和分析组织变革和人才发展情况。

（二）"才报"支持的 4 个角色

"才报"实际上服务于 4 类角色，一是高管；二是经理；三是员工；四是 HR（见图 6-3-1）。对高管来讲，一图在手，人才信息尽在掌握；一表在手，数据分析提供决策建议；预警，人力管理的红绿灯。对经理来讲，他们在业务一线不可能投入太多精力关注人员的日常管理，系统最好能一键到位提供及时的服务，流程、审批化繁为简，聚焦业务，操作简便，提升用户体验。对员工来讲，工作、学习、文化、生活四位一体，把工作做好，随时随地碎片化、游戏化学习，得到周到、温馨、便捷、有效的共享服务。对 HR 自己也有要求，建立统一的工具 / 知识库，打造有战斗力的、不断创新的 HR 团队。

对高管	➤一图在手，人才信息尽在掌握 ➤一表在手，数据分析提供决策建议 ➤预警，人力管理的红绿灯	➤预测规划人才战略地图
对经理	➤流程、审批化繁为简，聚焦业务 ➤操作简便，提升用户体验	➤场景化的智能操作，让经理聚焦业务
对员工	➤随时随地碎片化、游戏化学习 ➤共享服务周到、温馨、便捷、有效	➤小温馨大体验
对 HR	➤建立统一的工具 / 知识库 ➤打造有战斗力的、不断创新的 HR 团队	➤赋能与引领，传播公司品牌

图 6-3-1　"才报"平台的服务对象：HR+M 层

166

另外，还有更高的要求。从价值的角度，给高管一些预测性的决策建议；给经理场景化的智能操作，让经理聚焦业务；让员工享受小温馨大体验；HR自己要学会赋能与引领。

（三）"才报"系统的数据挖掘与分析

"才报"系统的指标体系主要分为人才管理、运营管理、组织效能、文化活力、舆情分析五部分，共涉及200余个具体指标，涵盖了人和组织的分析维度以及所有HR职能的衡量维度。其中，人才管理和运营管理的指标涉及更多的是HR职能的分解，文化活力与舆情分析的指标更多是通过大数据方式分析内外部因素，组织效能的指标由组织发展部负责，通过组织发展工具提取不同业务团队的有关组织目标。整套指标体系建设以及迭代优化历时一年，HR与技术团队共同参与推进。

1. "才报"数据呈现

在用户端，"才报"主要从团队、人才、业务、行业4大模块加以呈现，不同层级的员工拥有相应的数据权限。

团队模块面向经理及以上层级管理者开放，主要展示辅助团队管理的相关数据和信息。

人才模块是员工大数据画像呈现平台，普通员工可搜索到公司内任何员工，查看其职业路径、人才标签、大数据画像等基础信息。对于经理及以上人员，除了基础信息，他们还可在系统上进行如为所属团队员工增减人才标签、员工之间比较等诸多人才管理层面的操作。

业务模块更多涉及个人、团队的业务目标以及达成情况的展示。

行业模块呈现的则是系统通过大数据抓取的行业资讯。

2. "才报"的"数据中心"

除了4个分析模块，系统中还有一个"数据中心"，用户可在上面查看、定制权限范围内的各种数据分析内容。

①分析内容定制化：用户可从组织、层级序列、司龄年龄、员工类型、汇报层级、管理幅度、绩效分档等不同的维度对数据分析进行跨模块、定制化的组合。例如，对于关键人才的流动，用户可以查看不同层级人员的流动情况，也可以从年份、部门、业务等不同角度分析，观察人才流动与迁徙的状况。

②呈现内容定制化：用户可在系统首页、"数据中心"，根据自身需要，选择、组合信息分析和呈现的内容。

③呈现方式定制化：所有的分析结果都会通过数据可视化的手段实时、动态地呈现在用户的电脑上。用户可以按照自己的习惯，在一定程度上对分析数据的呈现方式进行设置（卡片、仪表盘、图表等）。

二、人才雷达在招聘服务中的应用

网络时代，我们的各种信息都已暴露在互联网中。那么是否可以通过分析每个人的各种信息，对个人进行能力评估，帮助企业快速找到合适的人才呢？这就是人才雷达所提供的服务。

（一）人才雷达社交体系

在人才雷达系统中，每个企业都建有自己的专属账户，人力资源招聘部可以在该系统中发布招聘信息，然后通过人才雷达，搜索自己员工的社交人脉圈，以确定第一层的任务传递者。这些传递者一般是曾经成功推荐过该类职位的企业内部员工。一般情况下，人才雷达系统会推荐5位第一层的任务传递者，这5位候选人是系统通过分析历史信息和员工社交人脉进行数据分析后提出的最合理的建议。企业人力资源招聘部门选出合适的人才后，可以直接发送职位邀请。因此，第一层的5位候选人中，可能有2位是过去的推荐人才，而另外3位是通过数据挖掘而发现的潜在推荐人才（见图6-3-2）。

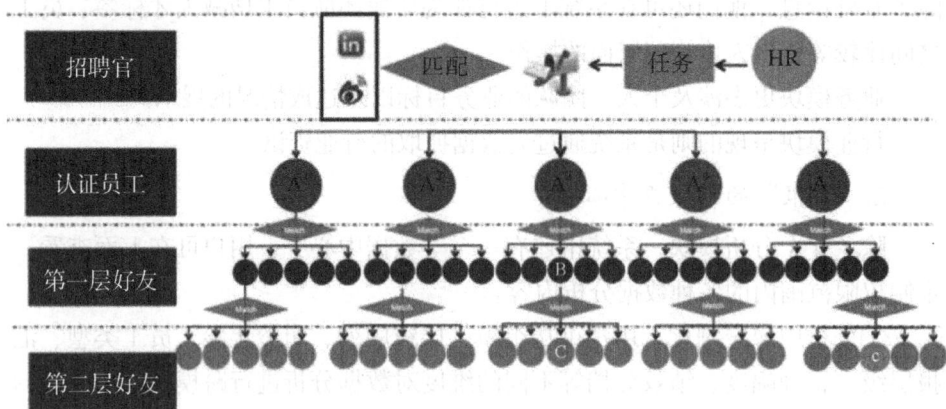

图 6-3-2　人才雷达社交匹配演示

被邀请的推荐者可以做两件事：

①在人才雷达中继续挖掘自己的社交人脉，锁定下一层的推荐者；

②通过自己的社交网络发布招聘信息。

（二）人才雷达成功关键

人才雷达的独特之处在于，受邀用户可以绑定自己的社交账号，让人才雷达搜索引擎自动匹配和推荐用户社交网络中更加适合所招岗位技能要求的人才，并且用一个9维雷达图显示每个被推荐者的各方面能力，方便人力资源招聘部门挑选最合适的人才，这也正是人才雷达名称的由来。人才雷达的成功关键是其优秀的搜寻机制和匹配算法，通过雷达图的形式显示被推荐者的综合能力和适合程度。

1. 职业背景

通过信息挖掘，用户可以很容易地获取被推荐人的教育经历和之前的就业经历，从而判断其职业背景，甚至还可以从高校网站上获取被推荐人在大学时期的获奖经历、考试成绩等。

2. 专业影响力

搜索引擎采用 Page Rank（页级）来评估网站的影响力，人才雷达则利用 Leader Rank（领导等级）评估专业方向的影响力。例如，被推荐人是否有专业领域的论文发表，在专业论坛上的发帖数、内容被引用次数、引用人的影响力等。

3. 好友匹配

人脉交际也是衡量被推荐人综合能力的重要条件之一。因此，分析被推荐人在各种社交网络中的好友的专业影响力也是人才雷达系统的重要功能。

4. 性格匹配

根据人类行为语言学，可以通过被推荐人在网络上的抽象言行分析其内在的性格特点。这一分析过程不是简单的文本识别，而是要通过相互交流时的反馈数、言辞激烈程度等因素来判定。

5. 职业倾向

很多人希望从事的职业往往不是最适合自己的。人才雷达系统可以通过分析用户在社交网络中的各种信息、行为和语言等，判断该职业是否符合用户的职业愿景。

6. 工作地点

很多人在网络中填写的个人所在地和最终的工作地点也有很大差异，但根据其历史填写信息、言论等多维度判别，人才雷达可以找出最适合被推荐人的工作地点。

7. 求职意愿

人的兴趣爱好不是一成不变的，当用户在网络中的行为和发言出现明显的变化时，可能表示用户的兴趣发生了转变，甚至可能会改变职业方向。这项技术曾被用于联通用户离网意愿的检测。

8. 信任关系

通过对用户社交网络的分析，判断出招聘者到达用户的最有效关系链和这个层级中用户之间的信任关系，利用强关系链进行联系，将更利于企业完成对人才的招聘。

9. 行为模式

不同用户的网络使用行为也有很大的区别。例如，有些用户每天上网时间较长，有些用户则较短；有些用户经常发微博，有些则习惯浏览而不发言。这些明显的行为差异可以分析用户的生活和工作规律，进而判断其是否符合对应职位的要求。

以上 9 个维度的建模画像，可以帮助企业更快、更便捷、更有效地寻找合适的人才。同时，人才雷达这种被动式的评价方式也可以有效避免求职者在面试时的虚假表现。

三、谷歌的大数据人才管理

谷歌被公认为全球最大的搜索引擎，涉及业务广泛，开发并提供了丰富的互联网产品和服务。面对如此庞大的用户群体，谷歌每天都会产生海量的数据，这为谷歌成为大数据时代的开拓者提供了便捷的条件。

（一）谷歌用数据重新定义 HR

在财政、市场这些领域中，人们已经习惯于用统计数据说话，将数据作为有力支撑进而做出决策并提出相应的解决方案。但在人力资源领域，人们更习惯于根据"经验"做出判断。而谷歌的优势不仅仅在于业务部门大数据挖掘的深入，更来源于其大胆运用数据导向管理人力资源。这个案例带给我们的并不是大数据背景下的夸夸其谈，而是为谷歌带来了巨大收益的有效方法。

谷歌所用的这套方法名为"人事分析"，其核心是将企业中的人员管理进行精准化和量化。如果说业务运营、财务管理等决策可以直接产生效益，那么人员管理决策直接决定了是谁来进行业务运营和财务管理的决策。显然，如果我们不能选用能产生最大效用的人，那么所做出的决策的效果也会大打折扣。

谷歌的人力资源管理究竟有什么特别之处呢？首先，在大多数企业中，HR 部门被称为"人力资源部"，而在谷歌，这一部门被称为"人力运营部"。谷歌认为，人力资源管理的重要性丝毫不亚于其他部门，需要将大数据作为支撑进行数据分析决策。这背后自然需要一支专业且强大的团队来完成，谷歌的"人事分析团队"就是来引导这些人力资源管理决策的。谷歌的"人力运营部"是由来自世界各地名校毕业的统计博士生组成的，他们专门研究不同的人力资源政策和员工绩效之间的关联，并根据研究数据调整公司内部的员工管理制度，为员工创造良好的工作环境。

（二）谷歌的 10 大员工管理模式

谷歌有 10 大员工管理模式，如图 6-3-3 所示。

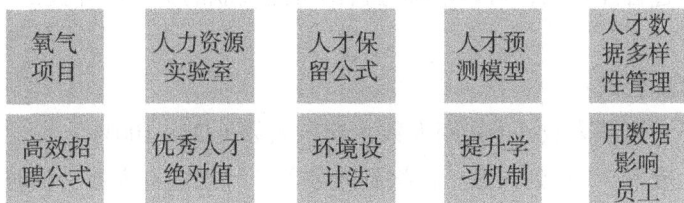

氧气项目	人力资源实验室	人才保留公式	人才预测模型	人才数据多样性管理
高效招聘公式	优秀人才绝对值	环境设计法	提升学习机制	用数据影响员工

图 6-3-3　谷歌 10 大员工管理模式

1. 氧气项目

"氧气项目"对企业内部大量的数据进行分析，判断杰出的管理人应该具备哪些特征，选择有潜力的职业经理人进行培养。2009 年，谷歌对公司一万多名员工进行"什么样的经理人是一个好的经理人"的问卷及访谈调查，并根据结果推算出规律性的模式，进一步鉴别出卓越领导者的 8 大特性（见图 6-3-4），根据这 8 个标准，员工每两年会对其上司进行综合评价。

171

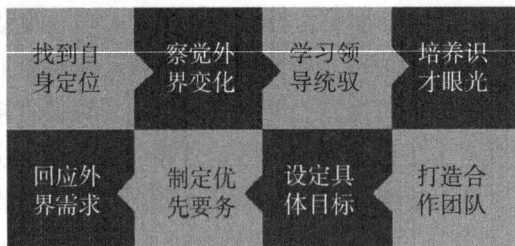

图 6-3-4　谷歌领导者的 8 大管理特性

2. 人力资源实验室

谷歌通过进行应用性的实验来判断管理员工的最有效方法，并为员工提供所需的多种工作环境，甚至可以通过科学的数据及实验，减少员工饮食中的卡路里摄入量来增进员工的健康。同时，为了最大化地结合学习、合作与娱乐，谷歌有意识地设计别具一格的工作环境来提升不同部门之间的合作水平，而这些精心的环境设计与管理都是在海量数据的分析与探索中实现的。

3. 人才保留公式

谷歌通过智能算法，可以准确分析出可能离职的员工，并提供人性化的解决方案。

人才管理公式：

离职率 = 离职人数 /[（初期人数 + 期末人数）/2] × 100%

招聘达成率 =（报到人数 + 待报到人数）/（计划增补人数 + 临时增补人数）

新进员工比率 = 已转正员工数 / 在职员工总人数

补充员工比率 = 为离职缺口补充的人数 / 在职总人数

人员流动率 =（员工进入率 + 离职率）/2

4. 人才预测模型

谷歌在人事管理方面具有前瞻性，它开发了一个预测模型用来对人事管理问题进行精准预测。

5. 人才数据多样性管理

和其他公司的不同之处在于，谷歌很擅长用大数据分析和处理人事问题。从结果来看，人员分析团队运用数据分析来鉴定人员（尤其是女性员工）招聘、留任和升职板块薄弱的本质原因。

6. 高效招聘公式

作为少数按照科学的方法进行招聘的企业之一，谷歌公司开发了一个算法来预测应聘者在获聘后是否具有最佳生产力。谷歌公司的研究也会鉴别面试背后所隐含的价值，从而显著地缩短聘请员工的周期。

7. 优秀人才绝对值

谷歌统计过优秀的技术专家与处于平均水平的技术员之间的行为差异。为了检验优秀人才的价值，高管会利用必要的资源去聘请、留下卓越人才，并进一步发展员工的卓越才能。

谷歌最不为人知的秘密是谷歌的人力运营部专业人员会整理各行各业的最佳"商业案例"，这是他们能够获得如此强大的行政支持的主要原因。

8. 环境设计法

谷歌特别重视提升不同职能部门的员工之间的合作水平。谷歌发现这需要进行三个方面的变革：学习、合作以及娱乐。

因此，谷歌有意识地设计其工作环境来最大化地结合学习、合作与娱乐，甚至追踪员工在咖啡厅所花费的时间。对于一些公司来说，设计"娱乐"环节看起来可能是奢侈的，但是数据显示"娱乐"是人际吸引、人员留任和员工合作中的关键因素。

9. 提升学习机制

相较于将目光集中在传统的室内学习，现在企业更加强调在实践中学习。谷歌通过循环式学习、从失败中学习等方式提升员工的能力。自主学习能力以及适应力都是谷歌员工的核心胜任力。

10. 用数据影响员工

谷歌人员分析团队成功的最后一个关键要素并不作用在分析过程中，而是体现在给高管和管理者的最终建议书上。相较于用要求或胁迫的方式令管理者接受变革，它借助内部的顾问和高影响力的人基于强大的数据以及所呈现的行为来说服员工。

四、腾讯 HR 的大数据实践

大数据不是个新鲜字眼，然而在人力资源领域才刚刚起步。我们从平台建设、连接效能和方向牵引这三个方面简单介绍腾讯在 HR 大数据领域的探索经验，这样的企业、这样的实验对于未来的应用有着极其重要的参考价值，值得我们琢磨和思考。HR 要提升岗位价值，显化工作效益，为公司战略提供决策依据，数据分析和转化是不可或缺的。

（一）HR 的大数据功能

HR 与大数据的结合已不是什么新鲜的话题，但空有热度而深度不足。北京大学光华管理学院的穆胜博士在其著作中提出了"HR 可能误会了大数据"的观点。HR 的大数据功能应该与众不同，具体概括为以下三方面。

1. 养成平台的能力

大数据的主要特征是 4V，即 Volume（大量）、Velocity（高速）、Variety（多样性）、Veracity（真实性）。因此，HR 的大数据不应该只是简单的数据分析，而应是一个涵盖数据的产生、存储、抓取、清理、分析、挖掘、建模、训练、验证、呈现的全过程的综合平台。

2. 要有连接的效能

传统的数据分析只需得出最终的结论即可，而 HR 的大数据分析需要包括提出概念、分析框架、数据准备、数据清理、数据挖掘、模型创建、训练验证以及管理行动，其过程充分融入了 HR 三支柱的 COE（专家中心）、HRBP（人力资源业务伙伴）和 SSC（共享服务中心），乃至于管理者和员工，其目标是推动 HR 管理的持续改善。

3. 能够牵引 HR 的方向

传统的数据分析大多是对结果的总结，具有滞后性。而 HR 大数据分析是一种实时甚至超前的数据分析模式，可以帮助 HR 分析预测，进行前置管理。

但是大部分企业还没有 HR 大数据的规划，要实现上述功能对企业来说是一个漫长而困难的过程。

腾讯是国内比较早进行 HR 大数据部署的企业，早在 2012 年，腾讯就通过 People Soft（一种人力资源管理系统）搭建起了 HR 的统一结果库，并开始进行第一次数据清理工作。

以腾讯 SDC（用户数据中心）的大数据团队为例，其成员由 SSC、e-HR、区域中心的员工共同组成，是一个拥有人力资源、HR 信息化、数据库、HR 咨询复合工作经验和背景的团队。

（二）典型项目案例

1. 大数据与 HR 三支柱结合

该项目最早由 COE 提出，HRBP 和 SSC 随后加入，并成立了项目联合团队。在团队中，COE 团队负责政策、资源的协调以及专业方向的把控，HRBP 团队负责模型验证以及落地研究，SSC 团队则负责数据清理、质量建设、特征挖掘以及模型的搭建和训练。

2. 大数据评估员工稳定性

传统的 HR 数据分析会围绕离职率展开分析，而在 HR 的大数据分析中则是将腾讯历史上所有的员工按照稳定程度分成多个样本，通过数据的挖掘找到与稳定性相关的典型特征，建立起能够识别候选人稳定性的数学模型。其目标之一是希望通过应聘者的简历自动对其稳定性给出评估建议，也为后续招聘以及保留环节提供参考。

（三）腾讯 HR 大数据的启示

1. 从现在开始，夯实数据基础

腾讯是一家大型企业，其单个 HR 大数据项目中一次调用的数据量就有600 余万条、400 多个字段，如此庞大的数据量绝不是一般的计算机和 Excel 等软件可以支撑得起的，但其量级又达不到使用 TDW（离线数据处理平台）的程度，因此迫切需要搭建 HR 大数据分析的专用服务器。

2. 挖掘数据而不是统计数据

传统 HR 数据分析和 HR 大数据分析在统计学方法的运用上也存在区别。传统 HR 数据分析运用最多的统计方法是描述统计、绘制箱型图等，而 HR 的大数据分析主要运用相关性分析、方差分析、回归分析、聚类分析和决策树模型等。这其中的原因正如牛津大学教授维克托·迈尔·舍恩伯格强调的，HR 大数据分析的"不是因果关系，而是相关关系"。

企业应该尽早抓住发展机遇，部署 HR 大数据，在大数据平台能力、连接的效能、牵引 HR 方向这三个方面寻求突破，提升 HR 的作用和影响力。

五、猎聘薪酬大数据实践

（一）猎聘做薪酬数据库的原因

近些年来，国内企业的人力资源管理有了很大的发展，很多企业都转变了人力资源管理理念，从传统人力资源管理逐渐转向面向业务的人力资源管理。人力资源管理部门不再作为单一的企业部门存在，出现了与其他部门融合的多元化趋势，并在企业决策中发挥了越来越重要的作用。在工作内容上，人力资源管理从业务流程的管理和操作角色，逐步转变为企业人才管理顾问的角色，数据化的分析与运用、科学合理地优化人才体系、设计人才管理策略成为其更重要的工作内容。

而在企业人力资源管理实操上，猎聘选择薪酬这个模块开始企业数据化管理提升之路。薪酬也是 HR 比较关注的内容，从招人、留人的付薪，到业务上的薪酬体系的搭建、薪酬结构的设计，还有每年的调薪政策，都是和薪酬有关的，而且员工对薪酬的满意度也是员工考虑是否跳槽的主要因素。

（二）猎聘薪酬数据库的不同

其实薪酬产品在市场上有很多，很多管理咨询公司和市场调研公司都在做这方面的工作，通常是邀请企业参与薪酬调研，通过问卷、访谈等方式获取企业薪酬及其他人力资源管理相关信息，然后汇总统计并进行分析，最终呈现行业内不同岗位的薪酬数据。这是一种传统的薪酬调研方式，而猎聘的薪酬数据库则采用了完全不同的"数据＋咨询"的方法论，如图 6-3-5 所示。

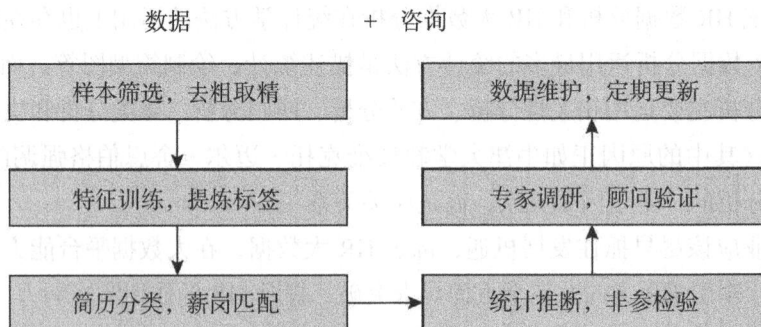

图 6-3-5　猎聘薪酬数据库"数据＋咨询"方法论

（三）保证薪酬数据的准确性

传统模式下的薪酬调研会面临企业提交问卷信息的真实性不好保证从而影响数据质量的问题，同样，新的方法论也会面临如何保证数据质量的问题，也就是人们是否会准确填写薪酬数据。

一般情况下人们会的。当一个人处于找工作的场景下，填写高于其真实薪酬的数据会带来工作机会被推荐的概率，但也会增加因背景调查而导致求职失败并影响个人信誉的风险，从理性的角度来看，填写相对真实的数据有助于其求职。

目前猎聘已经上线互联网、金融、地产三大行业共 23 个细分领域的线上薪酬数据库，涵盖财务、人事、法务等通用职能及各行业特有职能序列，覆盖北上广深及主要二线城市。HR 用户可以从地区、细分领域、职能、工作年限、下属情况等多个维度筛选对比岗位薪酬数据，并实时呈现数据对比图表，掌握最新市场薪酬分位值（P10、P25、P50、P75、P90）及均值数据，帮助开展人力资源工作（见图 6-3-6）。

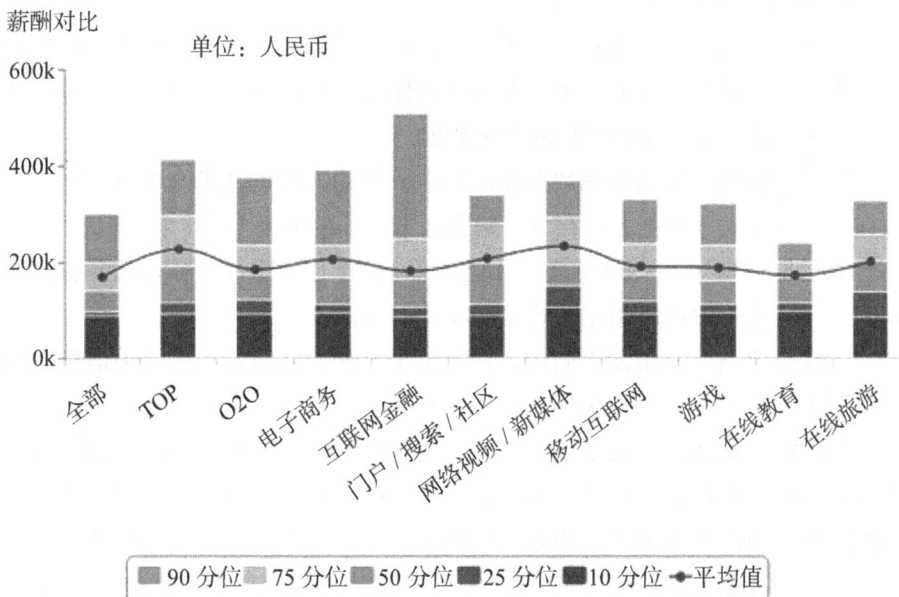

图 6-3-6　猎聘薪酬数据对比

同时薪酬对比表也会同步展示所选岗位在不同细分领域、工作年限和地区间的分位值分布情况，行业薪酬一目了然。

综上，猎聘薪酬数据库是一个与众不同的薪酬产品，依托海量企业人才数据资源，多维度、多领域实现岗位聚焦，可以即时掌控薪酬动态，体验方式新颖独特、界面友好、交互便利的颠覆性薪酬报告。

（四）定制化薪酬调研

薪酬数据库产品陆续上线的同时，猎聘也在不断改进薪酬产品服务体验，升级薪酬产品服务内容，为 HR 在人力资源工作中提供更多支持，助力国内企业人力资源管理水平提升，定制化薪酬调研就是这样应运而生的产品。

很多有薪酬需求的企业其实并不需要也没必要知道一个行业所有企业或者该行业全部岗位的薪酬数据，他们只需要知道某一地区、某一细分行业的中高层管理岗位及关键业务岗位的薪酬数据，用作企业年度调薪或调整薪酬体系的参考。定制化薪酬调研就是这样一款量身定做的产品，依托猎聘薪酬数据库资源，面向对招聘岗位有直接需求的客户，提供精准聚焦岗位的薪酬报告产品。

定制化薪酬调研有以下四个主要特点：

①针对性强。评估客户的需求及岗位的具体特征，通过分析调研岗位的具体工作职责，对特定行业、地区及调研群体的岗位进行匹配并开展针对性薪酬调研工作，最终呈现精确聚焦的薪酬数据。

②可靠性高。运用薪酬数据库产品中成熟的大数据技术对企业数据、岗位数据及各行业人才数据去伪存真，确保样本数据的准确可靠。

③运作周期短。一般而言签订合同后 10 个工作日内即可完成定制化薪酬调研，与传统薪酬调研相比，效率提升了 19 倍。

④性价比高。直击需求痛点，剔除传统薪酬调研报告中的无关信息，提供客户真正想要了解岗位的薪酬数据及相关服务。

目前定制化薪酬调研已经在互联网、金融、地产、制造、电子信息、医药、消费品等行业推广，也受到了 HR 的广泛认可。未来定制化产品也将随着猎聘薪酬福利领域的不断积累，为客户提供更专业、更准确、更深层次的服务，助力企业人力资源管理水平提升。

六、2 号人事部的大数据应用实践

现代企业管理决策，越来越需要从纷繁复杂的人力资源数据中，分析出各种信息和线索作为决策依据，利用数据进行分析和表达，也逐渐成为人力资源管理中重要的技能。

（一）人力资源管理数据应用阶段

企业人力资源管理在数据方面的应用主要有两个阶段：初级阶段和高级阶段。初级阶段是对本企业人力资源工作中各环节数据信息的采集加工和分析阶段，常用的人力资源数据指标主要有人力资源职能类和人力资源发展类。

1. 数据应用的初级阶段：小数据

第一，人力资源职能类指标。企业将员工信息转化为图表形式，在各部门各职位间进行横向对比，便于管理者从全局的角度了解企业整体数据情况。图6-3-7清楚地展现了人力资源工作中关于招聘、培训等相关内容的实际工作量以及工作效率。

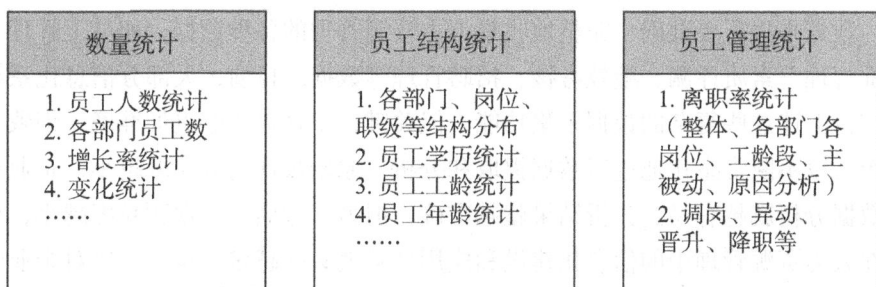

数量统计	员工结构统计	员工管理统计
1. 员工人数统计 2. 各部门员工数 3. 增长率统计 4. 变化统计 ……	1. 各部门、岗位、职级等结构分布 2. 员工学历统计 3. 员工工龄统计 4. 员工年龄统计 ……	1. 离职率统计（整体、各部门各岗位、工龄段、主被动、原因分析） 2. 调岗、异动、晋升、降职等

图 6-3-7　人力资源职能类指标

典型的是招聘过程管理中的金字塔模型（见图 6-3-8）。

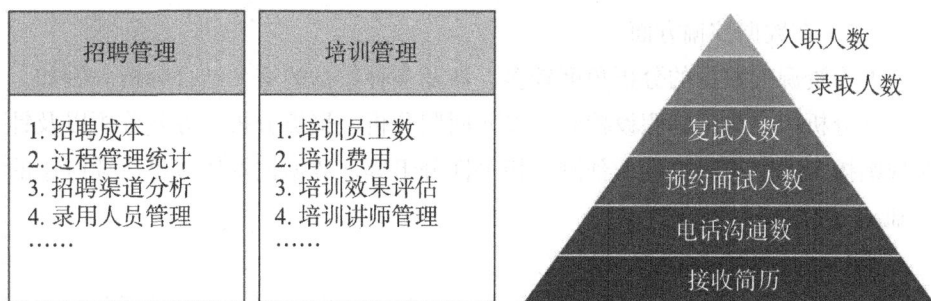

图 6-3-8　员工管理类指标

第二，人力资源发展类指标。该指标主要是分析企业人力资源方面的工作是否符合企业长期发展规划。

从严格意义上来看，这些人力资源数据分析并不完全符合"大数据""数据挖掘"和"数据预测"的概念。大数据分析基于的是大数据，其特点就是数据量大，要达到 TB 甚至 PB 的数据量。这样的数据量，特别是人力资源管理相关的数据量，几乎不太可能在单独一家企业中出现。而这种基于真正的大数据分析的管理应用，我们定义其为数据应用的第二阶段，也称为高级阶段。

2. 数据应用的高级阶段：大数据分析

从大数据应用所涉及的技术来看，大数据分析一般包括原始数据采集、数据清洗、数据保存等多个方面，以及必需的基础架构（云服务、云存储、安全监控等）这几大环节。

（1）在原始数据采集方面

数据采集需要准确、完整地收集人力资源管理的各种数据，如员工管理、培训管理、素质评测、绩效考核、招聘管理等数据。目前，大部分信息化系统已支持上述这些复杂的数据采集功能，但关键在于是否能够更加准确、细致，是否可以不断常态化地进行数据提取和分析。原始数据的颗粒度越小，企业进行数据分析就越容易，分析结果就越准确，但另一方面，数据颗粒度越小，企业在人力资源管理中的信息化建设和应用场景就必须越多、越深，这对企业的人力资源管理提出了很高的要求。

（2）在数据的特点方面

首先，人力资源数据往往具有分散性特点，这对数据的来源和采集具有很高的要求；其次，各种数据结构差异较大且复杂，需要能够兼容分析。

（3）在数据挖掘方面

人力资源大数据的分析角度较多，涉及多种数据的交叉结合分析。例如，在统计分析中，会用到假设检验、多元回归分析、聚类分析、方差分析以及针对规则挖掘的分类、估计、预测、相关性分组等。数据挖掘环节是后续应用的基础。

（4）在预测模型环节

这是大数据分析的重要环节甚至是核心目标，即实现对目标的预测，主要利用的技术有机器学习、建模仿真等。

（5）在结果呈现方面

常规的大数据应用往往通过复杂的方式呈现出来，而人力资源管理大数据应用的高级阶段的主要任务是指导日常管理工作，需要用最简单的方法实现高效的任务目标，发挥出大数据分析的价值和作用，真正提升企业的人力资源管理水平。

（二）人力资源管理 SaaS（软件即服务）平台2号人事部实践

人力资源管理 SaaS 平台2号人事部首先要解决的就是原始数据的采集问题，这里包含两个角度的数据支持。

1. 协助企业进行内部数据采集

通过为企业提供基于提高日常事务管理效率的平台工具，帮助企业人力资源管理中各环节的角色提升工作效率，并通过移动互联网使企业各级管理人员与员工之间的互动变得高效，实现人力资源管理的数据化。

另外，通过标准化 API（应用程序编程接口）架构设计，系统可以非常便捷地与企业其他已有业务系统进行对接，从而实现内部异构数据的采集。目前已经实现的功能包括：工作台管理、档案管理、薪酬管理、社保管理、员工自助管理、App 以及微信等各种数据端管理。

2. 协助企业进行外部数据采集

目前2号人事部已经实现了多达72种外部数据来源的集成和合作，包括征信系统、学历认证系统、身份证验证系统、公安部黑名单数据、失信数据、司法系统、工商管理信息系统、背景调查系统等方面的数据对接，可以帮助企业在分析数据的时候获得必要的数据支持。

2号人事部上线5个月，入驻企业12万家，目标是在3年内达到企业数100万家。跨企业所形成的数据统计方式，会给单独一家企业的数据分析带来直接的支持，如行业薪酬水平，区域性、行业性或者阶段性的用工需求分析等，都可以成为企业内部进行分析的数据支持。目前所涉及的行业分布以及规模分布如图 6-3-9 所示。

用户所在行业分布

行业	占比
制造业	19.2%
互联网/IT	15.4%
批发和零售	7.2%
房地产	6.1%
金融/保险	5.3%
医疗/保健	5.1%
教育	4.6%
建筑业	3.4%
住宿和餐饮	2.7%
咨询/顾问	2.5%
交通/物流/运输	2.1%
文化/体育/娱乐	1.9%
广告/市场	1.5%
旅游业	1.4%

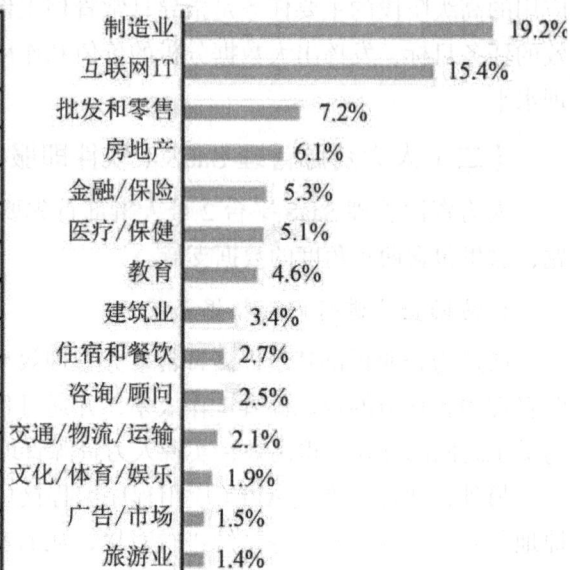

制造业 19.2%
互联网IT 15.4%
批发和零售 7.2%
房地产 6.1%
金融/保险 5.3%
医疗/保健 5.1%
教育 4.6%
建筑业 3.4%
住宿和餐饮 2.7%
咨询/顾问 2.5%
交通/物流/运输 2.1%
文化/体育/娱乐 1.9%
广告/市场 1.5%
旅游业 1.4%

规模	占比
20~99人	38.0%
100~500人	37.6%
500人以上	14.4%
11~19人	6.2%
10人以下	3.8%

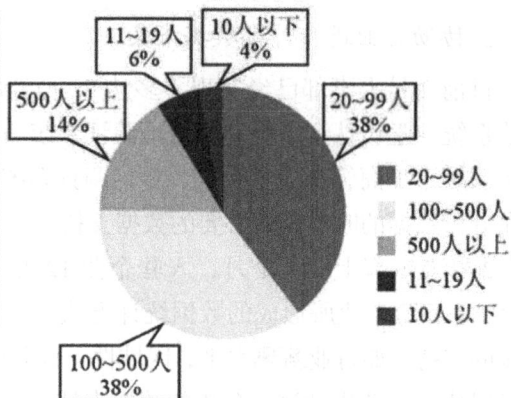

11~19人 6%
10人以下 4%
500人以上 14%
20~99人 38%
100~500人 38%

- 20~99人
- 100~500人
- 500人以上
- 11~19人
- 10人以下

图 6-3-9　2 号人事部的行业分布及规模分布

（三）企业用工风险的警示和解决

基于以上两个角度的数据来源支持，简单举例介绍一个 2 号人事部能够为企业（含大中小微企业）提供的大数据应用案例：企业用工风险的警示和解决。

用工风险管控是每家企业都面临的常见难题之一，这个问题由多种因素引起：一是国家用工政策在实施过程中的不平衡；二是企业不重视；三是人力资源从业者专业知识的欠缺。如果要解决这个问题，也必然要从这几个角度进行分解。

针对政策的提取和分析，2 号人事部通过对员工从入职到离职过程中可能产生的 231 个风险点进行了筛选，分解和提取了相应的法律条文和风险后果，从而实现对政策理解的信息化和标准化。

通过对大量劳资纠纷案例的分析和跟踪，对已经发生的劳资纠纷结果进行统计，与人力资源管理过程中可能存在的风险点进行挂钩，从而实现对企业用工风险的预判以及后果的预测。

将前面大数据分析后的风险模型与软件操作中的具体功能进行对接，从而帮助操作者在日常事务处理中，接收警示和协助处理遇到的风险：后果的预判，会帮助企业提高对用工风险的重视程度，而对日常工作的规范，则能够帮助企业的人力资源从业者大大降低学习《劳动法》条文的门槛，并且可以通过平台直接进行针对性的处理。

通过 2 号人事部，实现大数据在企业管理中的应用，能够最有效率地解决各类企业，特别是中小微企业，在人力资源管理方面因为信息不全、编制不够、专业性不强、企业不够重视等因素所造成的人力资源管理效率不高的问题，从而大大提高企业的管理效率，降低企业的经营成本，使企业在现代化竞争中处于优势位置。

参考文献

[1] 尤里奇. 人力资源转型：为组织创造价值和达成成果 [M]. 李祖滨，孙晓平，译. 北京：电子工业出版社，2015.

[2] 马海刚，彭剑锋，西楠. HR⁺三支柱：人力资源管理转型升级与实践创新 [M]. 北京：中国人民大学出版社，2017.

[3] 布德鲁，杰苏萨桑. 变革创造价值：人力资源循证式管理 [M]. 陈丽芳，译. 北京：中国电力出版社，2012.

[4] 龙柒. 世界上最伟大的 50 种思维方法 [M]. 北京：金城出版社，2011.

[5] 段云峰，秦晓飞. 大数据的互联网思维 [M]. 北京：电子工业出版社，2015.

[6] 涂子沛. 大数据 [M]. 桂林：广西师范大学出版社，2015.

[7] 常扬，李传涛. 什么是生态化的组织形态 [J]. 创业家，2013（9）：98.

[8] 沈远沛. 大数据时代企业人力资源管理模式创新 [J]. 现代企业，2019（11）：9-10.

[9] 赵丽芬，李灿华. 浅谈基层人力资源和社会保障信息化建设发展 [J]. 农家参谋，2020（4）：269.

[10] 彭林园. 人力资源管理与组织行为学应用分析 [J]. 贵阳学院学报（社会科学版），2019，14（5）：79-82.

[11] 甄家骥，王章涵. 人工智能发展对企业人力资源管理的影响 [J]. 合作经济与科技，2019（15）：128-129.

[12] 杨雪兰. 提高企业人力资源管理人员素质的途径分析 [J]. 商场现代化，2020（5）：76-77.

[13] 王红威. 人力资源管理的发展趋势分析 [J]. 人才资源开发，2014（4）：47-48.

[14] 罗洁梅. 人力资源的高效管理探究 [J]. 沿海企业与科技, 2014（3）: 59-60.

[15] 李慧. 基于信息化人力资源的组织竞争力提升探讨 [J]. 中国商贸, 2011（28）: 133-134.

[16] 孙雯雯, 贾哲. 大数据时代企业人力资源绩效管理创新分析 [J]. 现代营销, 2020（5）: 188-189.

[17] 杨媛媛. 大数据时代企业人力资源绩效管理措施 [J]. 中小企业管理与科技, 2020（1）: 5-6.

[18] 宿栋华. 论大数据时代背景下企业的绩效管理创新: 以电力设计企业为例 [J]. 中国商论, 2019（22）: 145-146.

[19] 罗上奎. 大数据时代企业人力资源绩效管理创新点研究 [J]. 企业改革与管理, 2019（14）: 90-91.

[20] 邓蓓. 大数据时代企业人力资源绩效管理体系构建 [J]. 人力资源, 2019（6）: 87-88.

[21] 徐晟昭. 基于大数据时代下企业人力资源管理创新路径探索 [J]. 人力资源, 2019（16）: 12-13.

[22] 张奚. 信息系统大数据在人力资源中的运用 [J]. 劳动保障世界, 2018（33）: 1.

[23] 罗彦卿. 基于大数据思维的人力资源管理创新研究 [J]. 纳税, 2018（4）: 131.

[24] 李婕. 大数据时代下人力资源管理的改革探索 [J]. 中外企业家, 2016（14）: 117.

[25] 李冬梅. 基于大数据时代下的企业人力资源管理改革探究 [J]. 才智, 2017（27）: 271.

[26] 于军华. 大数据时代的人力资源管理变革 [J]. 企业改革与管理, 2017（2）: 76.